Für meinen Sohn Paul.
Möge Frieden sein, im Innen und im Außen.

Für meine Tochter Mira.
Möge die weibliche Urkraft mit dir sein
und durch dich wirken.

ICH BIN
SCHÖPFUNGSKRAFT.
DU AUCH.

EINLEITUNG

Hallo und herzlich willkommen. Schön, dir auf diese Weise zu begegnen. Gerne möchte ich dich in meine Welt einladen.

Die ersten Zeilen dieses Buches formten sich im Frühjahr 2021. Sie kamen tief aus meinem Inneren. Inspiration und Klarheit ermutigten mich dazu, mich der Welle in das mir Unbekannte hinzugeben. *Vision & Co-Kreation* begann sich wie selbstverständlich zu entwickeln.

Nun liegt dieses Buch in deinen Händen und das mit Sicherheit nicht ohne Grund. Die heilsamen Momente und Erkenntnisse, die mir während des Entstehungsprozesses geschenkt wurden, dürfen dich tief im Herzen berühren.

Mögen die Botschaften dich bewegen, dir in Zeiten
des Konfliktes und der Unsicherheit Stabilität und
Hoffnung schenken.

Möge deine ureigene Medizin sich entfalten,
dein Sein kraftvoll und lebendig sein.

Möge der Mut dir zur Seite stehen,
um deine Wahrheit zu leben und die Veränderung
zu verkörpern, die du dir für das Sein auf Erden wünschst.

Möge Glückseligkeit dein Leben bereichern.

Möge dein Weg ein gesegneter sein.

Wir sind die, auf die wir gewartet haben.

Die Entwicklung der Menschheit und die Zukunft der Erde sind miteinander verbunden. Wir sind mit unserem Denken und Handeln an der Schöpfungsgeschichte von Mutter Erde beteiligt.

**Es braucht Veränderung im Innen und im Außen.
Neue Zeiten erfordern frisches Denken und Handeln.**

Vision & Co-Kreation ist weder ein Roman, noch ein reines Sachbuch. Es ist Vielfalt, so wie ich es bin. Es steht für Wahrhaftigkeit und huldigt der Kraft der Schöpfung. Manche Zeilen rufen dazu auf, Verantwortung zu übernehmen. Erzählungen aus meinem Leben sind meine Hommage an das menschliche Sein.

**Die Vision und die Co-Kreation sind aus meiner Sicht
wegweisende Kräfte in ein neues Miteinander in Frieden.**

*Lasst uns alle die Vision unserer friedvollen Zukunft
auf Erden kreieren. Die Schicksalsfäden der Menschheit
liegen in unser aller Händen.*

*Lasst uns gemeinsam den weiblichen
und männlichen Urkräften huldigen,
sie in uns zum Pulsieren bringen.*

Möge Frieden sein. Von Herz zu Herz, Kristina.

Am Ende des Buches findest du einfache Impulse für die Praxis. Sie unterstützen dich auf deinem weiblichen Weg. Aus meiner Sicht wird der Weg aus der globalen Krise wegweisend von weiblichen Qualitäten wie Innenschau, Sanftmut, Empathie und Bedingungslosigkeit beschritten (werden).

Der weibliche Weg führt uns in das bewusste Sein und unterstützt die Aktivierung unserer Selbstheilungskräfte. Er darf sowohl von Frauen, als auch Männern von Herzen gelebt werden.

INHALT

TEIL I: WENDE INS LICHT

beschäftigt sich mit den Ursachen, die die momentane Situation auf Erden hervorgebracht haben.

TEIL II: ERMÄCHTIGUNG

zeigt Möglichkeiten auf, uns aus der globalen (Sinn-)Krise herauszumanövrieren.

TEIL III: URKRAFT

*lässt uns in den zyklischen Entwicklungsprozess der Existenz eintauchen und schenkt uns ein Bewusstsein fern von **schneller, besser, weiter.***

TEIL IV: FREIHEIT

wagt einen Ausblick. Was sind die treibenden Kräfte, die ein Sein in Frieden erschaffen? Sind wir selbst diejenigen, auf die wir gewartet haben?

PRAXISTEIL: DER WEIBLICHE WEG

Acht Schritte im Fluss des Seins:
Inneren Frieden, Urvertrauen und
Lebensfreude im Leben integrieren

TEIL I
WENDE INS LICHT

beschäftigt sich mit den Ursachen,
die die momentane Situation auf Erden
hervorgebracht haben.

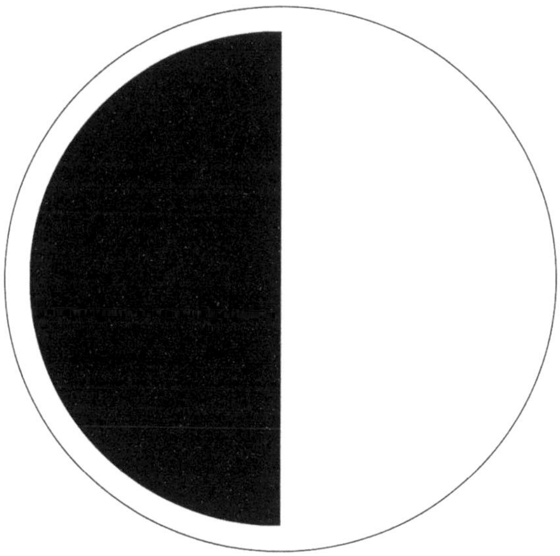

1. RESET

AUS DER DUNKELHEIT INS LICHT

SCHÖPFEN AUS DEM NICHTS

Im März 2020 überkam es die Menschheit mit einem großen Paukenschlag, mit einem Donnergrollen. Covid-19, ein neuartiges Virus, besucht uns weltweit mit seinen Geschwistern, der Ungewissheit, der Unwissenheit und der Angst. Gleichzeitig gesellt sich auch die Weisheit über die Existenz und die Mysterien des Seins auf Erden in unsere Mitte dazu. Es ist greifbarer, be-greifbarer, als je zuvor. Die Prophezeiungen der alten Weisen werden nun Wirklichkeit, finden ihren Ursprung in der Herausforderung einer Pandemie.

Die weiblichen Urkräfte, die Intuition, das Urvertrauen und die bedingungslose Liebe kreieren das neue Sein auf Erden, Frieden im Innern und Frieden im Außen.

Nichts ist mehr so, wie es ist, war und sein wird.

Im Sommer 2008 wurde mir der Scherbenhaufen meiner damaligen Beziehung schlagartig bewusst. Der Leidensdruck war zu groß geworden, quälende Migräneanfälle holten mich inzwischen regelmäßig ein. Der zeitliche Abstand zwischen den körperlichen *Aussetzern* wurde kürzer. Ich war nicht mehr alltagsfähig, ich funktionierte nicht mehr.

Es war eine Schulkollegin, die mir damals über den Weg lief. Wir tauschten uns über die vergangenen zehn Jahre aus, die nach der gemeinsamen Matura jede von uns auf andere Weise beschritten hatte. Hellhörig wurde ich, als sie mir von einem Mann erzählte, der ihr an einem Tiefpunkt in ihrem Leben entscheidende Hilfe gegeben hatte. Schlimmer kann es nicht werden, dachte ich mir und vereinbarte noch am selben Tag einen Termin bei ihm. Das Gespräch verlief unspektakulär und doch stellte es die Weichen für meine Zukunft. Er erzählte mir von einem Schamanen aus dem Amazonasgebiet in Peru und sagte mir, dass er demnächst in Österreich sein würde. Mit Nachdruck forderte er mich dazu auf, dort hinzufahren. Ich besorgte mir ein Buch über Schamanismus, da ich nie zuvor davon gehört hatte. Da waren Faszination, Erkenntnis, aber auch Respekt und ein wenig Angst. Es half nichts. Nach dem Motto *No risk, no fun* meldete ich mich für das fünftägige Seminar an, das von besagtem Schamanen angeboten wurde. Erleichterung machte sich breit und gleichzeitig stieg die Spannung, was da passieren würde.

Es ging los. Ich saß im Auto mit zwei weiteren, mir bislang unbekannten Frauen, die ebenfalls Seminarteilnehmerinnen waren. Auf der etwa einstündigen Fahrt durften wir einander ein wenig kennenlernen und ich mich in meiner kindlichen Naivität wiederfinden. Meine Ohren wurden immer größer, als ich ihren Erfahrungen mit Schamanen lauschte. Mit diesen Informationen war mir klar, ich setze mich im Seminarraum in eine Ecke und verhalte mich so unauffällig wie möglich. Ich ertappte mich sogar dabei, meinem damaligen Partner eine Nachricht zu schreiben. *„Es kann sein, dass du mich heute oder morgen abholen musst. Ich bin mir nicht sicher, ob das hier das Richtige für mich ist. Bussi, Kristina."*

Als eher schüchterne junge Frau wurde mir am Seminarort immer banger zumute. Hatte mich darüber niemand informiert, oder hatte ich die Seminarbeschreibung bei der Anmeldung nicht aufmerksam genug gelesen? 30 Teilnehmer*innen aus Österreich, der Schweiz, Frankreich und England. Gemeinsame Sprache im Seminarraum: Englisch. Wenn ich das gewusst hätte …

Ich hielt an meinem Plan A fest. Ich suchte mir einen Platz in der Ecke und beschloss, mich so unauffällig wie möglich zu verhalten, bis *der Spuk* vorbei wäre. Die Vorstellungsrunde begann. Der Schamane setzte sich auf den Platz, der für ihn vorbereitet war. Alle im Raum saßen auf Yogamatten oder Sitzkissen. Der Platz des Schamanen war besonders. Ein wundervoll besticktes Tuch mit geometrischen Mustern und erdigen Farben zierte ihn. Kerzen, eine Pfeife und weitere Utensilien, die er für seine Arbeit benötigte, lagen bereit. Links und rechts von ihm saßen seine Assistentin und sein Assistent. Sie halfen ihm bei der Prozessarbeit in der Gruppe und fungierten als Dolmetscher. Zwischen seinen Sitznachbarn wirkte der Schamane schmächtig. Sein verschmitztes Lachen erinnerte teilweise an einen kleinen Spitzbuben, der es faustdick hinter den Ohren hatte. Anders als die meisten im Raum war er barfuß. Die graue, locker sitzende Stoffhose und das einfache weiße T-Shirt trugen dazu bei, ihn beinahe zu übersehen. Seine prominente Positionierung und die Gestaltung des nahen Umfeldes ließen jedoch seine wichtige Rolle erahnen. Die Spannung im Raum stieg. Dass der Schamane mit großer Verspätung bei der Gruppe eintraf, trug seinen Teil dazu bei.

Der Schamane sprach Spanisch, manchmal in seiner Muttersprache Shipibo-Conibo. Immer, wenn er in seiner ursprünglichen Sprache zu reden begann, lief mir ein intensiver Schauer über meinen Rücken. Ich konnte kein Wort verstehen und dennoch hatte ich das Gefühl, mehr und mehr zu begreifen.
Nach einleitenden Worten zum weiteren Ablauf wurden wir dazu aufgerufen, uns kurz vorzustellen und von der Intention zu erzählen, mit der wir gekommen waren. Reihum kamen jede und jeder zu Wort. Nichts zu sagen war unmöglich. Einige Menschen hatten lange Reisen auf sich genommen. Mit schweren Krankheiten diagnostiziert, legten sie die letzte Hoffnung in die Fähigkeiten des Heilers. Der Meisterschamane war bekannt dafür, Krankheiten zu heilen. An diesem Abend erzählte er uns, dass es in Verbindung mit den Spirits möglich sei, jede körperliche Disbalance ins Gleichgewicht zu bringen. Vorausgesetzt, die Seele der oder des Hilfesuchenden will das wirklich in der Tiefe.

Die meisten im Kreis machten nicht ihre erste schamanische Erfahrung. Sie berichteten von ihrer Zeit im Amazonasgebiet, von Heil- sowie Läuterungsprozessen und Entwicklungswegen ihrer Seele. Mein Kopf surrte. Viel Information und noch mehr Energie. Eine große Gruppe von Menschen mit unterschiedlichsten Geschichten dicht in einen Raum gezwängt. Ich hatte das Gefühl, die Luft könnte inzwischen geschnitten werden. Eine Uhr hatte ich nicht bei mir. Das konnte ja nicht mehr lange dauern. Kurze Pause. Luft, ich brauchte Luft. Unauffällig versuchte ich mir ein Bild von den Frauen meiner Fahrgemeinschaft zu machen. Die Hoffnung, dass sie ebenfalls erkannt hatten, dass das hier nicht das Richtige für sie sei und wir uns gleich gemeinsam zurück auf den Weg nach Wien machen würden, verpuffte schon, bevor ich mich ganz in das erlösende Szenario der Abreise einfühlen konnte. Beide Frauen schienen entschlossen, freudig erwartend. Kein Zweifel.

Die Zeit zwischen der ersten Begegnung mit dem Schamanen in der Gruppe und der darauf folgenden energetischen Arbeit ist in meinem Gedächtnis nur mehr in Fragmenten abrufbar. Meine Kopfschmerzen waren inzwischen unerträglich geworden. Frische Luft und etwas Bewegung sollten Erleichterung schenken. Ich suchte mir einen Ort in der Natur, an dem ich mich geborgen fühlte und mit mir alleine war. Der Steg eines kleinen Teiches lud mich dazu ein, mich hinzulegen. Ich spürte das harte Holz unter meinem Rücken und ärgerte mich über mich selbst. Hätte ich mir doch eine weiche Unterlage mitgenommen. Mein Strohhut wäre mir ebenfalls dienlich gewesen. Die Sonne brannte erbarmungslos vom Himmel, es war kein schattenspendender Baum in der Nähe. Ich versuchte den Fokus umzulenken. Ich übte mich darin, meinen Verstand auszuschalten. Mit Atmung, mit Musik, mit Tönen. Parallel dazu begann ich damit, Plan B zu verfolgen. Eine weitere Nachricht an meinen Freund:
„Ich melde mich etwas später nochmal, es kann sein, dass du mich bald abholen musst. Bitte behalte dein Handy bei dir, sei abrufbereit. Danke."
Seine Antwort: *„Okay, aber in Anbetracht der Kosten des Workshops würde ich dir empfehlen, es dir zumindest mal anzuschauen. Zur Not kann ich dich ja morgen abholen."*

Ja, wo er Recht hatte, hatte er Recht. Die Seminarkosten machten immerhin in etwa zwei Drittel meines damaligen Monatsgehalts aus. Zugegeben, als Junior-Architektin ist der Verdienst nicht so hoch, trotzdem entschied ich mich, dem Ganzen eine Chance zu geben.

Die Stunden bis zum Abend verstrichen schleichend. Es fühlte sich wie ein Martyrium an, so als hätte ich mich freiwillig auf ein Kreuz nageln lassen. Dennoch, die Entscheidung zu bleiben, hatte sich gelohnt. Die Nacht vom 6. auf den 7. Juni 2008 änderte alles, einfach alles – mich, meine Einstellung zum Leben, mein Leben und meinen Zugang zu gewissen Gaben, die ich spätestens in meiner Jugendzeit als unpassend und lästig ad acta gelegt hatte.

Bei Einbruch der Dunkelheit fanden wir uns erneut im Seminarraum ein. Nach einleitenden Worten durch den Schamanen begann die Arbeit. Soweit ich verstanden hatte – inzwischen hatte ich bemerkt, dass meine Englischkenntnisse aus acht Jahren Gymnasialzeit eher dürftig waren, beziehungsweise mir gewisses „Fachvokabular" offensichtlich fehlte – brauchte ich mir weiters keinen Kopf zu machen. Meine Bedenken waren unbegründet. Folgendes Szenario wurde erläutert: Der Schamane ruft Menschen auf, die ihm *gezeigt* würden, mit denen er individuell intensiv arbeiten solle. Wer das Gefühl habe, Unterstützung zu brauchen, solle sich bemerkbar machen, um die notwendige Begleitung zu bekommen. Super, dachte ich mir, da gibt es so einige Kandidatinnen und Kandidaten, die bereits mehrmals lautstark kundgetan hatten, dass sie dringend Hilfe bräuchten.

Die Spannung im Raum stieg. Wir wurden darum gebeten, bei uns zu bleiben, in die Stille zu gehen, zu meditieren. Ich setzte mich aufrecht hin, so wie es die anderen im Raum machten. Mit geschlossenen Augen begann ich meine Atmung zu vertiefen. Nach anfänglichen Schwierigkeiten wurde ich schließlich immer ruhiger und freute mich auf eine angenehme Nacht ganz bei mir. In den letzten Jahren hatte ich mir nicht die Möglichkeit gegeben, einfach bei mir oder mit mir zu sein.

Es kamen Sinnfragen auf. Welchen Sinn hat das Leben? Wo hatte ich mich verrannt? Wann hatte ich vergessen, auf meine innere Stimme zu hören? Bedauern machte sich breit, aber auch Dankbarkeit erfüllte mich. Das Leben meinte es gut mit mir, etwas spät, aber dann doch hatte es mich in die Knie gezwungen, um mich hier wiederzufinden. Auf meinem Hintern sitzend in einer Gruppe von Menschen, die etwas gemeinsam hatten: Sie wollten Veränderung und sie waren mutig. Wie mutig ich damals wirklich war, konnte ich zu diesem Zeitpunkt nicht andeutungsweise erahnen.

Kristina ... Kristina ... K R I S T I N A ... hatte ich richtig gehört? Ja, das war mein Name, eindeutig. Vielleicht gab es noch eine andere Christina in der Gruppe, bestimmt sogar. Es war mir gerade gelungen, ganz bei mir zu sein, da wollte ich mich nicht stören lassen. Außerdem hörte sich der Name auch sehr weit weg an. Die Frau neben mir kam näher und flüsterte mir mit Nachdruck ins Ohr: *„Der Schamane hat dich gerufen, du sollst zu ihm hingehen, jetzt!“*. Ihre Worte hörte ich wie durch Watte, sie waren noch nicht wirklich in meinem Inneren angekommen, doch mein Puls ließ mich bereits erahnen, dass es jetzt *aufregend* werden könnte. Es dauerte eine Weile, bis ich mich gegenwärtig genug fühlte, um aufzustehen.

Der Weg zum Platz gegenüber des Schamanen erschien mir weit, sehr weit. Real waren es nur ein paar Meter, die es zu überwinden galt. Mein Herz schlug mir bis zum Hals, ich fühlte mich etwas wackelig auf den Beinen und vor allem war es mir unangenehm, „im Rampenlicht” zu stehen. Es fühlte sich an, als wären unzählige Scheinwerfer auf mich gerichtet. In Wirklichkeit war es dunkel, räumliche Orientierung gaben wenige Kerzenflammen.

Da saß ich nun in meiner vollen Pracht, richtig dämlich kam ich mir vor. Am liebsten hätte ich mich in Luft aufgelöst, für immer und ewig. Wie blöd konnte ich sein, wie naiv, mich für so eine Veranstaltung anzumelden, freiwillig und für Geld! Tausende Gedanken schossen mir durch den Kopf, mein Herz raste wie verrückt. Stille, gefühlt ewig andauernde Stille. Ich versuchte mich erneut auf meine Atmung zu konzentrieren. Von draußen drangen das Zirpen der Grillen und das Quaken eines Frosches an mein Ohr. Die Tiere gaben mir das Gefühl, nicht alleine zu sein. Die Geräusche der Natur begannen um mich herum zu tanzen. Ich tauchte ein in eine tiefe Verbindung zu Mutter Erde, den Tieren und den Pflanzen. Geborgenheit und das Gefühl, zu Hause zu sein, angekommen zu sein, erfüllten mich und schenkten mir Vertrauen. Ich konnte loslassen, mich dem Prozess hingeben.

Der Schamane begann zu singen. Der Gesang war durchdringend und gleichzeitig unsagbar sanft. Er berührte mich tief in meinem Herzen. Es fühlte sich so an, als würden die Töne mein Herz öffnen, es ganz weit machen. Meine Wirbelsäule wurde kraftvoll und richtete sich auf. Ich wuchs und wuchs. Noch nie hatte ich mich so groß gefühlt, so königlich, so machtvoll. Wie bei einer Explosion schoss Energie von meinem Schoßraum aus durch meinen Scheitel in den Himmel. Reinweißes Licht, das sich den Weg durch meine Wirbelsäule in den Kosmos bahnte. Wow. So schön kann Leben sein. Tränen der Freude flossen, tiefe Dankbarkeit und ein Gefühl von Demut machten sich breit. Wie ein Traum, der niemals enden sollte. Kurz darauf spürte ich die Hände des Schamanen in den meinen. *„Gracias“* sagte er und mit einem kurzen Händedruck gab er mir zu verstehen, dass es an der Zeit war, mich wieder auf meinen Platz zu setzen.

In dieser Nacht durfte ich mein bisheriges Sein zu Grabe tragen. Ich nahm die Maske ab, die ich mir im Laufe der Jahre aufgesetzt hatte, um dazuzugehören, um mich vor Ablehnung zu schützen und um mich zu verstecken – vor meiner eigenen Größe und der damit verbundenen Verantwortung. Hinter dieser Maske verbarg sich mein Wesen, meine wahre Essenz. Tränen der Freude flossen ebenso wie Tränen der Trauer. Der Loslass-Prozess des Alten, Wohlbekannten, erforderte Mut. Die Notwendigkeit, die bekannten Ufer zu verlassen, war für mich jedoch deutlich und eindringlich spürbar.
Alles im Leben ist von Bedeutung, alles.

Meine damalige Partnerschaft war mit dieser Nacht beendet, zumindest energetisch abgeschlossen. Nicht mehr in Balance war sie bereits seit Jahren. Im Alter von 28 Jahren die erste große Liebe nach acht Jahren zu verlassen, konfrontierte mich immer wieder mit meiner Angst, alleine zu sein und im schlimmsten Fall alleine zu bleiben. Die Worte des Schamanen ließen mich begreifen und halfen mir dabei, abzuschließen.

> *„Du bist seinen Weg für ihn gegangen, hast ihn über seinen ureigenen Pfad getragen. Den für ihn bestimmten Stolpersteinen konnte er sich nicht stellen. Aus deinem Irrglauben heraus, ihm dienlich zu sein, hast du ihm Herausforderungen und wichtige Erfahrungen zur Weiterentwicklung genommen.*
>
> *Gleichzeitig hast du dabei vergessen,*
> *deinen eigenen Weg zu gehen."*

MUTTER ERDE SPRICHT

Erdenkinder, hört gut zu. Wir sind nun an einem wichtigen Wendepunkt in der Menschheitsgeschichte angelangt. Die kritische Masse ist erreicht und eine neue Zeitepoche bricht an. Kinder, erkennt mich als eure Mutter und ehrt mich, indem ihr euch und das Leben selbst ehrt. Bemerkt ihr nicht, dass ihr am Ende nicht mich, sondern euch selbst zerstört? Ich bin geduldig und (er-)trage viel, doch die Existenz der Menschheit ist nicht gewiss, sollte die Natur weiter im jetzigen Ausmaß ausgebeutet werden.

Ich bäume mich auf, entledige mich der Energien und Kräfte, die ich nicht länger in meinem Inneren halten kann. Es ist das Ungleichgewicht zwischen Geben und Nehmen, sowie die Achtlosigkeit und die fehlende Demut gegenüber der Schöpfung, die uns so weit gebracht haben. Wenn ich von uns spreche, meine ich euch Menschen als Bewohner auf mir, eurer Mutter. Es gibt Menschen, die sich für mich einsetzen, ihre Stimme erheben und unermüdlich ankämpfen gegen das, was zerstört. Es gibt auch viele Menschen, denen bewusst ist, welche Verantwortung sie tragen, sich selbst und den Nachfahren gegenüber. Sie bewirken, sie machen einen Unterschied, doch bislang war der Gegenwind zu groß, zu laut.

Der Klimawandel hat schon lange begonnen. Er ist nicht mehr aufzuhalten und nicht rückgängig zu machen. Was jedoch getan werden kann, um das Schlimmste zu verhindern, fragt ihr mich?

Nun gut, das kann ich euch in wenigen Sätzen klar übermitteln. Übernehmt Verantwortung für euer Tun, eure Gedanken und euer Wirken. Ermächtigt euch und macht euch nicht selbst zu Spielbällen des Systems im vermeintlichen Glauben, so nicht schuldig und nicht verantwortlich zu sein. Nicht-Tun, Nicht-(selbst)-Denken und Nicht-Wirken machen dich schuldig, du wirst zum Täter. Das Opfer bist schlussendlich du selbst. Das Täter-Opfer-Spiel soll ein Ende finden. Geh hinaus in die Welt, erkenne die Schönheit des Lebens, nimm in Demut das Geschenk des Lebens an und (an-)erkenne die Schöpfung in deinem Inneren.

Wacht auf, Kinder. Es ist nun der Zeitpunkt gekommen. Ihr dürft nicht länger wegsehen, mit den Fingern auf die Schuldigen zeigen. Ihr macht euch schuldig, indem ihr die Verantwortung nicht übernehmt. Als Menschen habt ihr euch dazu bereit erklärt, ein Erbe anzutreten und zu vollenden, was über Generationen vorbereitet wurde. Wir werden gemeinsam Geschichte schreiben, den Wendepunkt herbeiführen und in eine neue Epoche der Menschheitsgeschichte eintreten.

Erinnert euch an das, was Leben ausmacht. Ist es am Ende nicht die Liebe, die bleibt? Habt ihr nicht endlich genug vom Streit, von der Angstmache, der Reizüberflutung, dem Konsumwahn, dem Stress und Druck der Leistungsgesellschaft und der Achtlosigkeit gegenüber der Natur? Ist es nicht auch frustrierend, sich im Dschungel der Weisen, der Erleuchteten und der Gurus zurechtzufinden und zu wählen? Unendlich viele Methoden, die euch den Weg nach Hause zu ebnen versprechen?

Schaut euch im Spiegel an und erkennt: Ihr selbst seid der Weg, ihr selbst seid das Ziel. Ihr seid diejenigen, auf die ihr so lange gewartet habt. Ihr habt euch alleine gefühlt, verlassen. Wie kleine Kinder, die ohne Eltern orientierungslos umher wandern und sich machtlos fühlen. Hört mir gut zu! Ihr wart nie allein, ich war euch immer nahe, so wie es die gesamte Kraft der Schöpfung ist. Die Schöpfung, Gott, Abba, Jahwe, Allāh, Wakan Tanka, oder wie auch immer ihr es nennen mögt, wird euch im Außen nicht begegnen, solange ihr es nicht in eurem

Inneren und in allem was euch begegnet, erkennt. Es gibt nur eine Aufgabe für euch Menschen. Erinnert euch an eure Essenz, nehmt eure Göttlichkeit an und lebt sie. Als Götter seid ihr euch eurer Bedeutung bewusst. Ihr wisst, dass es einen großen Beitrag zum Wohle aller zu leisten gibt. Ich rufe euch dazu auf. Seid Göttin und Gott. Füllt die innere Leere mit eurem eigenen Licht. Seid die Liebe, die ihr in der Lage seid zu geben, bedingungslos, ohne Anfang und ohne Ende.
In der Göttlichkeit seid ihr Alleins. Ihr seid entkoppelt von Raum und Zeit. Das Leben auf Erden wird zum Spiel, dessen Herausforderungen ihr mühelos annehmt. Als wache Seelen seid ihr im Einklang mit mir, Mutter Erde, im Wissen, dass ich die Quelle allen Lebens bin.

DER GEBURTSPROZESS INS LICHT

Es gibt zwei Geburten auf Erden,
die ein Mensch durchleben darf.

Die Geburt in das menschliche Sein, in das Leben,
das dir von deinen Eltern geschenkt wird.

Und die Geburt in deine wahre Essenz.
Das dich selbst Gebären,
in der Erinnerung an deine Göttlichkeit.

Die momentane Zeitqualität entspricht einem kollektiven Reset. Der Tod des Alten, die Geburt des Neuen. Die Wende ins Licht. Wir dürfen uns neu (er-)finden und kreieren, was wir als Himmel auf Erden bezeichnen. Das Neue ist noch nicht definiert. Es darf sich Schritt für Schritt entfalten. Wie ein Baby braucht das noch Unbekannte viel Zuwendung, die uns Kraft und Hingabe abverlangt. Gleichzeitig lässt es uns aber unermessliche Liebe zufließen, wie sie eine Mutter von ihrem Neugeborenen empfangen darf.

Nennen wir das Neue Neues Bewusstsein. Dieses Bewusstsein darf nun immer mehr Menschen berühren, sie im Herzen bewegen. Es lässt uns weich werden und gleichzeitig klar und entschlossen.

Immer mehr Menschen beginnen damit, die Veränderung zu initiieren, auf die sie schon lange im Außen hoffen. Der nun stattfindende kollektive Prozess des Erwachens bringt die Erinnerung an die Verbundenheit mit allem, was ist, wieder in das Bewusstsein der Menschen. Das Gefühl, nicht alleine zu sein und das Wissen, selbst Schöpferin und Schöpfer der eigenen Realität zu sein, lässt kraftvoll und demütig werden. Wir Menschen sind dazu aufgerufen, wahrhaftig zu sein. Wahrhaftig zu sein bedeutet, die eigene Wahrheit wahrzunehmen, zu leben und auszusprechen. Das erfordert Kraft und Mut. Es geht um ein gedankliches Reset. **Die Menschheit ist dabei, eine neue Welt zu erschaffen.**

Neues zu erschaffen ist unmöglich mit Gedankenkonstrukten der Vergangenheit. *Weil es immer so war,* gilt nicht mehr, ist eine Ausrede, um sich der Verantwortung zu entziehen, die uns Menschen in die Hände gelegt wurde. **Es ist unsere Verantwortung, lichtvoll und mächtig zu sein.**

Alle Menschen, die momentan auf Erden leben, haben sich Großes vorgenommen. Unter den äußeren Umständen mutet es anmaßend an, zu behaupten, dass uns die Pandemie und ein Krieg in Europa den Frieden auf Erden bescheren. Zu all den dramatischen und existenzbedrohenden Fakten gesellt sich jedoch unumstritten die Tatsache, dass uns Menschen gnadenlos vor Augen geführt wird, dass wir schlussendlich alle im selben Boot sitzen. Es ist egal ob wir arm oder reich sind, wie es auch irrelevant ist, ob wir religiös sind oder nicht, welcher Religion wir angehören, welche Hautfarbe wir haben, in welcher Kultur wir aufgewachsen sind, oder was unsere Staatsangehörigkeit ist. Es ist nichtig, Covid-19 ist omnipräsent und hat alle Menschen in irgendeiner Weise getroffen.

Die Pandemie und das Aufeinanderprallen von Wladimir Putin mit westlichen Staatsoberhäuptern führen uns das Spiel der Pole, der Trennung in Gut und Böse, so anschaulich vor Augen, dass es kaum noch möglich ist, wegzuschauen. Viel schlimmer, wir erkennen uns als Teil des Spiels, müssen uns immer wieder an der Nase nehmen und uns bewusst herausnehmen. Keine leichte Aufgabe. Hat sich doch das dualistische Denken ganz tief in unsere Zellen eingenistet.

Der einzige Weg, nachhaltig aus diesem Spiel auszusteigen ist, sich mit der eigenen Essenz zu verbinden – aus dem Gefühl der Trennung zurück zum Ursprung, dem Einssein. Wir Menschen dürfen uns wieder daran erinnern, dass wir göttliche Wesen sind, Abbilder Gottes, Gott selbst. In diesem Erkennen werden alle Religionen und spirituellen Wahrheiten nichtig. Es gibt nur einen Gott und es gibt nur eine Wahrheit: Du selbst bist Gott und somit Schöpfer deines Lebens. Dieses neue *Bewusst-Sein* ist revolutionär, *re-evolutionär.* Es bringt uns zurück zum Ursprung allen Seins. Es bäumt sich auf gegen momentan vorherrschende Systeme, die charakterisiert sind von Hierarchie und Manipulation. Getragen werden diese Machtsysteme von Angst. Menschen, die Angst haben, sind unsicher, lassen sich lenken und klein machen, denn sie suchen Halt und warten auf *Rettung*, auf *Erlösung* von außen.

Was ist, wenn nur du dich selbst retten kannst? Was ist, wenn nur du alleine dich erlösen kannst von deinem Leiden, deiner Opferrolle, deiner so lähmenden Ohnmacht?

Hör damit auf, dich kleinzumachen, dann wird es niemandem im Außen mehr gelingen, dich klein zu halten.

Hör damit auf, dich ohnmächtig zu fühlen, dann wird es niemandem im Außen mehr gelingen, dich ohnmächtig zu machen.

Göttlich zu sein bedeutet, sein eigenes Licht zu erkennen und zu leben.

Göttlich zu sein bedeutet, Liebe zu sein in allen Zellen und Liebe zu geben mit jedem Atemzug.

Göttlich zu sein bedeutet, Gott in jeder und jedem, in allem zu erkennen.

Erinnere dich daran, du selbst hast deinen Weg auf Erden bestimmt, deine Erfahrungen und all die Menschen, die dir begegnen. Sie sind dir Diener in der Wiedererinnerung an deine Göttlichkeit. Alles ist der Ausdruck Gottes.

Lerne zu unterscheiden, zu erspüren, was der Essenz entspringt und was der Manipulation und Angstmache dient. Mit dieser Gabe der Unterscheidungsfähigkeit bist du frei und stellst dich für die Machenschaften nicht mehr als Spielfigur zur

Verfügung. Je mehr Menschen es gelingt, sich aus den inzwischen alltäglich und *normal* gewordenen Fesseln zu befreien, desto weniger Spielraum besteht. Ein neues Feld tut sich auf. Das Feld jener Menschen, die sich dem Leben selbst hingeben, die zu Meistern des *Spiels des Lebens* werden.

Weiblichkeit in ihrer Kraft

Wegweisende im kollektiven Geburtsprozess sind die Frauen. Sie dürfen sich nun bewusst an die weibliche Urkraft erinnern und sich mit ihr verbinden. Über Tausende von Jahren wurde sie ihnen genommen, vielleicht haben sie sich ihr auch selbst verwehrt.

Es sind die Frauen der westlichen Welt, die Frieden bringen auf Erden.

So haben es die alten Weisen, die nativen Völker verschiedener Kulturen prophezeit. Es sind die Frauen, die nun die Führung übernehmen, auf dem Weg in ein neues Miteinander auf Erden. Nicht, um die Männer zu degradieren, sondern um das natürliche Gleichgewicht zwischen den Polen wieder herzustellen. Männer dürfen die Frauen stärken, ihnen mit Respekt und Wertschätzung auf Augenhöhe begegnen. Sowohl der Mann, als auch die Frau dürfen die weiblichen Anteile im Inneren befreien, ihnen eine Stimme geben und sie in der Zeit des Wandels nutzen. Zum eigenen Wohle, zum Wohle der gesamten Existenz.

Gegenwärtig stehen wir vor einer nie da gewesenen Chance.
Es liegt an uns, diese zu nutzen und das Ruder herumzureißen.

Das Schicksal der Menschen auf Erden liegt in unseren Händen.

2. ILLUSION

VON DER TRENNUNG INS EINSSEIN

WIE ALLES BEGANN

Ein Spermium verschmilzt mit der Eizelle, neues Leben entsteht. Aus Zellen entwickelt sich der Embryo. Eingenistet und gut behütet in der Gebärmutter entwickelt er sich zum Fötus. Von Beginn an gut versorgt mit Nährstoffen und Sauerstoff, mit allem was er braucht, um gedeihen zu können. Bei der Geburt wird das Neugeborene körperlich von der Mutter getrennt. Wie groß nach dieser ersten Art von Trennung das Vertrauen ins Leben ist, wird bereits im Mutterleib beeinflusst. Das Ungeborene ist tief mit der Gefühlswelt der Mutter und ihrem Umfeld verbunden. Zusätzlich nimmt nicht nur das genetische, sondern auch das emotionale wie mentale Feld der Vorfahren Einfluss auf das neue Leben.

Von der einen Seite betrachtet, wirken diese Fakten erschreckend bedrohlich. Von der anderen Seite gesehen, geben sie uns die Möglichkeit, zwischen *deinem* und *meinem* zu unterscheiden und sich früh in Distanz zu üben. An dieser Stelle ist die Idee der Trennung eine Befreiung.

Das, was uns Menschen jedoch sehr zusetzt, ist der Zweifel daran, *richtig* zu sein. **Jede und jeder ist perfekt im gegenwärtigen Moment, körperlich, geistig und seelisch. Gleichermaßen bin ich es - makellos, meisterhaft.**

Vor allem in der westlichen Welt ist es üblich, bereits während der Schwangerschaft Beobachtungen und Aufzeichnungen über die Entwicklung des heranwachsenden Babys anzustellen. Die Norm ist fixiert, der Idealverlauf definiert. Abweichungen vom Maßstab sind beunruhigend, deuten auf Verlust oder zumindest Komplikation hin. An dieser Stelle ist das Prinzip des Vergleiches vorwegnehmend und kontraproduktiv.

Gehen wir zurück an den *Ursprung*, von dem uns Menschen erzählt wird, und der tief in unserem Zellerbe gespeichert ist. Adam und Eva sind unsere Vorfahren, die Ersten des menschlichen Stammes. Erschaffen als Abbilder Gottes. Er vom Schöpfer selbst, sie aus der Rippe Adams. Eva ließ sich von der Schlange verführen und zog Adam mit ins Verderbnis. Das Angebot, von der Frucht zu essen, was Gott selbst verboten hatte, war allzu verlockend. Fortan wurde zwischen Gut und Böse unterschieden. Sich gegen das Wort Gottes zu stellen ist Sünde. Der Sündenfall hatte die Vertreibung der ersten Menschen aus dem Paradies zur Folge. Bis heute wird uns erzählt, dass wir für den fatalen Fehler von Eva büßen müssen. Was bleibt, ist das Bild der Stammesmutter als Verführerin des Mannes und als Sünderin, die sich über das Gebot Gottes stellte. Die Behaftung mit Scham findet ebenfalls ihren Ursprung bei Adam und Eva. In der Bibel (Genesis 3) steht, dass das Paar sich dafür schämte, nackt zu sein, nachdem es von der verbotenen Frucht gekostet hatte.

Von Lilith wird erst seit kurzer Zeit wieder gesprochen. Sie steht für die selbstbestimmte, gleichberechtigte Frau. Lilith soll die erste Frau an Adams Seite gewesen sein, frei und unangepasst. Genau so wie ihr Mann, von Gott aus Lehm geschaffen, ebenbürtig, nicht von Anbeginn zweitgereiht, so wie es Evas Schicksal war.
Lange wurde Liliths Kraft getrübt. Der Kirche war es ein Anliegen, ihre Person aus den Schriften zu verbannen und über sie zu schweigen. Eva stand zwar für die Sünde, doch ihr wurden auch Mütterlichkeit und die Unterordnung der Frau gegenüber dem Mann zugeschrieben. Lilith war viel zu kraftvoll, ungezähmt und nicht berechenbar. Sie hätte uns Frauen womöglich auf falsche Gedanken gebracht.

Ich setze die Rückkehr Liliths mit der Ermächtigung der weiblichen Kraft gleich. Ein wichtiger Schritt ist die Befreiung der Frau aus der Unterordnung in die Gleichwertigkeit. **Die Wiederentdeckung und die Würdigung des Weiblichen in allen Aspekten ist die Basis für den Weg zurück ins Einheitsbewusstsein.** Das Weibliche ist nicht gleich *die Frau*, so wie das Männliche nicht gleich *der Mann* ist. In jedem Menschen sind beide Qualitäten gleichermaßen vertreten. Im harmonischen Zusammenspiel können

Dinge ganzheitlich betrachtet und Wege gefunden werden, bei denen es keine Gewinner und Verlierer gibt, Missgunst und Neid obsolet werden. Warum? Weil wir uns nicht mehr als getrennt voneinander wahrnehmen und die Verbundenheit, mit allem was ist, erkennen. Weil wir das lineare Denken durch ein zyklisches Bewusstsein ersetzen, Normen und das ständige Streben nach Wachstum zur Absurdität werden.

Gehen wir gedanklich nochmal zurück zur Geschichte von Adam und Eva. Unser menschliches Dasein fundiert also auf der Idee der Trennung und der Schuld. Trennung von der eigenen Göttlichkeit, Trennung beziehungsweise Unterscheidung von Mann und Frau mit unterschiedlichen Wertigkeiten, Ungehorsam gegenüber Gott, Schuld und Scham gegenüber dem puren Sein (Nacktheit des Körpers), die Frau als Verführerin und Schuldtragende für den Verweis aus dem Paradies durch Gott.

Trennung macht unsicher, ist ein idealer Nährboden für die Angst. Menschen mit Ängsten sind gut lenkbar, da ihnen das Vertrauen in das Leben und in sich selbst fehlt. Menschen, die sich selbst nicht *richtig* finden und wenig bis keine Selbstliebe haben, leben permanent im Bewusstsein der Trennung. Alles, was ihnen begegnet, wird als Konkurrenz gesehen. Ständig wird der Vergleich angestellt. Das Gefühl, einer Person unterlegen zu sein, erzeugt Feindseligkeit. Das Haar in der Suppe will gefunden werden. Das Glück des Anderen wird ihm nicht gegönnt. Eifersucht und Neid gesellen sich zum Spiel. Treibende Kraft ist die Angst, nicht genug zu sein und vom Leben nachrangig behandelt zu werden.

Die Umkehr der Entwertung ist die Erhebung gegenüber Mitmenschen. Sich als überlegen zu erachten, findet seinen Ursprung im Ego und ist ebenfalls ein Kind der Trennung. Der Vergleich und die Bewertung formen die Leistungsgesellschaft. Wir Menschen haben uns selbst zu Sklaven der Polarisierung gemacht. Richtig und falsch, gut und böse, intelligent und dumm, groß und klein, dick und dünn, arm und reich. Ich könnte die Liste unendlich weiterführen; das *entweder/oder* hat uns fest im Griff. Es dirigiert unsere Wahrnehmung und setzt jeden von uns permanent unter Druck. Die Trennung wird geschürt, das Drama geht tiefer und tiefer.

Wir schreiben das Jahr 2022 und haben den möglichen Zenit des linearen Wachstums längst überschritten. Dem Himmel auf Erden sind wir, zumindest auf mentaler und emotionaler Ebene, ferner denn je zuvor. Alles, was Gewinne hervorbringt, muss auf Kosten von Verliererinnen und Verlierern gehen.

Mutter Erde ist gebeutelt, ausgebeutet und aus dem Gleichgewicht geraten. Es gibt viele Kinder, die bereits im Vorschulalter auf unseren Zeitgeist vorbereitet werden. Mit Drill anstelle der Unbeschwertheit der Kindheit, die auch vielen Erwachsenen nur mehr aus Erzählungen ein Begriff ist.

Burnout, Depression und Krebs sind Krankheiten, die immer mehr Menschen betreffen. Die Pharmaindustrie geht als Gewinnerin hervor. Eine orientierungslose und verlorene Generation, abgetrennt von der eigenen Natur und oft auch vom eigenen Körper und der Intuition braucht Hilfe. Die psychischen und physischen Schmerzen müssen mit Medikamenten gemindert, in Schach gehalten werden.

Leistung und Konsum sind die treibenden Kräfte der modernen Welt. Das Hamsterrad haben wir Menschen selbst zum Drehen gebracht. Es nun wieder anzuhalten, bringt einen langwierigen Prozess mit sich. Noch sind es wenige Menschen, die sich für ein neues Miteinander auf allen Ebenen einsetzen. Kollektiv hat sich Resignation breitgemacht. Jammern und sich zu bedauern, gleichzeitig jedoch nichts an der Situation zu ändern, steht an der Tagesordnung. Es ist die Flucht in die Ohnmacht als Möglichkeit, sich der eigenen Verantwortung nicht stellen zu müssen. Menschen, die aufstehen, um für sich selbst und für andere einzustehen, gibt es jedoch immer mehr. Sie spüren, dass es so nicht weitergehen kann und erheben ihre Stimme.

Wir alle sind Teil dieser Leistungsgesellschaft, wir tragen sie in uns und tagtäglich mit, egal ob bewusst oder unbewusst. Ich glaube nicht, dass wir uns die Rahmenbedingungen willentlich geschaffen haben, die unser aller Alltag prägen. Es ist uns passiert, mit der Intention, eine moderne Welt zu erschaffen. Was über Jahrhunderte, über Jahrtausende daraus entstehen würde, konnte niemand erahnen. Der Fortschritt hat uns vom Ursprung entfernt. Der Mensch wird von Geburt an in den Rückschritt gedrängt. Ihm werden seine ureigenen Talente und Leidenschaften sukzessive genommen, passen diese doch kaum in die uniformierte Gesellschaft. Die ureigene Natur verkümmert, um mehr und mehr der Norm zu entsprechen. Was der Norm entspricht, ist unter Kontrolle und vermeintlich sicher.

Der Schritt aus der vermeintlichen Komfortzone im Kollektiv ist unabdingbar. Die Hürden, die wir nehmen müssen, sind hoch, aber nicht unüberwindbar. Je mehr Menschen damit beginnen, ihren Beitrag zu leisten, desto einfacher wird die Veränderung gelingen. **Wir sind die Veränderung, jede und jeder Einzelne.** Schritte zurück zur eigenen Natur, in die Einheit mit Mutter Erde, in die Begegnung der Rassen, Völker, Kulturen und Religionen voller Respekt auf Augenhöhe bringen den Frieden auf Erden.

DUALITÄT ALS ILLUSION

Innenschau, Selbstreflexion, Urvertrauen, Kraft, sowie die Liebe und die Hingabe gegenüber der menschlichen Erfahrung sind wichtige Konstanten am Weg nach Hause. Wir Menschen dürfen uns von der Idee der Trennung und der Schuld loslösen und wieder ins Einssein zurückkehren. Reichtum im Inneren zu erkennen und in der Einfachheit zu finden, lässt den Konsumdrang sinnlos werden. Die innere Leere muss nicht mehr mit Konsum kompensiert werden, wenn wir uns auf den eigenen Ursprung und die Essenz allen Seins besinnen. Die erwachte weibliche Urkraft hilft uns auf diesem Weg der Bewusstwerdung, sie darf nun wieder Einzug halten, in allen Lebensbereichen. Im Prozess der Erkenntnis wird die Polarität zur Illusion.

Mütter in ihrer Urkraft geben ihren Kindern bereits im Mutterleib die Fähigkeit zu vertrauen und sich selbst zu lieben mit auf den Weg. Die Mütter der Neuen Zeit sind Frauen, die mit ihrer Weiblichkeit in Frieden sind und diese leben. Sie sind kraftvoll. Stark zu sein bedeutet nicht, leistungsfähig zu sein, perfekt zu sein.

> **Stark zu sein bedeutet, authentisch zu sein, wahrhaftig zu sein und im Urvertrauen zu leben.**

Geburten voller Hingabe und ohne Angst vor Kontrollverlust und Elend bringen uns Menschen zurück in die Selbstverständlichkeit des Gebärens als Akt der Schöpfung. Die Intuition der Mutter führt durch den Geburtsprozess.

Kinder, die sein dürfen, so wie sie sind, bringen die Schönheit und Bereicherung der Vielfältigkeit zurück auf die Erde.

> **Erwachsene, die an die Schönheit des Lebens glauben und sich diese zugestehen, setzen wichtige Schritte zum neuen *Wir*.**

Illusionen aufdecken, Intuition leben

Ist es nicht so, dass alles, was uns begegnet, ein Teil von uns ist? In meinem Glaubenssystem: Ja. Entweder es ist ein tief vergrabener Teil, der nicht (an-)erkannt und integriert ist, oder es betrifft ein Lebensthema, dem Aufmerksamkeit gewidmet werden soll.

Kollektiv vorherrschende Themen unserer Zeit sind Manipulation und Machtspiel. Beides Energien, mit denen man sich nicht gerne auseinandersetzt und die man schon gar nicht als das Eigene annehmen möchte. Dennoch, jeder Kampf im Außen ist schlussendlich einer, den wir gegen uns selbst richten. Indem wir die Themen im Inneren reflektieren, die uns triggern, geben wir den Kampf gegen uns selbst auf und wenden uns der Wurzel des Themas zu.

Tradition versus Bauchgefühl

Fangen wir mit der Manipulation an. Was bedeutet manipulieren?

Laut Duden gibt es folgende Synonyme für „manipulieren“: *beeinflussen, bekehren, einer Gehirnwäsche unterziehen, Einfluss nehmen, einreden, einwirken, lenken, steuern, überreden, suggerieren, verfremden, verschleiern.*

Generell gilt es zu unterscheiden zwischen Selbstmanipulation und Fremdmanipulation. Auf Grund von Fremdmanipulation bereits im Kindesalter neigen wir Menschen dazu, uns selbst zu manipulieren, indem wir uns klein machen und unser Denken und Tun *normgerecht* trimmen. Auch manipulieren wir uns selbst, indem wir uns selbst täuschen. Wir machen uns vor, dass es uns gut geht, obwohl es nicht so ist. Von Anfang an wird uns vermittelt, wie man zu sein hat und wie etwas zu sein hat. Jeglicher Impuls, der sich gegen das vorherrschende System, die Norm, die *Traditionen* sträubt, wird im Keim erstickt.

Wieso glauben wir der *Tradition* mehr als unserem Bauchgefühl?
Was hat uns dazu gebracht, unsere eigene Wahrheit
hinter das Allgemeingültige zu stellen?

Es ist das Urteil, das uns schon im Kindesalter zuteilwurde, wenn wir unbequem und nicht passend waren. Auch ist es der Fokus auf den Intellekt als höchste Instanz. Das Gefühl zählt nicht, nur Fakten haben Bedeutung und Aussagekraft in unserer Welt.

Ein schwerwiegender Aspekt der Selbstmanipulation wurzelt in den Schicksalen unserer Ahninnen und Ahnen. Kinder des 1. und des 2. Weltkrieges und Nachkriegskinder sind durch vielfältigen Verlust und Schmerz gegangen, totgeschwiegen bis zum heutigen Tag. Gängige Aussagen, wie *„es geht mir gut"*, *„alles halb so schlimm"* oder *„schon vorbei"* deckeln das harte Schicksal, die tief sitzende psychische Verwundung.

Mir geht es in keinster Weise darum, Ohnmacht und Trauma zu nähren. Die Unterdrückung von Emotion und seelischem Schmerz ist eine Möglichkeit, sich vor einer Überwältigung zu schützen. Die Erlösung vom Schmerz bleibt mit der Deckelung jedoch aus. Für die Betroffenen war es eventuell sinnvoll, über einschneidende Ereignisse zu schweigen. Zu groß waren die Lasten und zu viele traumatische Erlebnisse waren es, die der Mensch ohne Unterstützung nicht (er-)tragen hätte können.

Hier möchte ich den Bogen zurück zum Einssein spannen. Wir sind miteinander verbunden, und Emotionen, die an der einen Stelle unterdrückt werden, kommen an anderer Stelle zum Vorschein. Diese Information hilft in vielerlei Hinsicht und schenkt Klarheit. Wieder dürfen wir unterscheiden lernen zwischen *deinem* und *meinem*. Jeder Mensch ist permanent mit Fremdenergien konfrontiert. Das Feld unserer Vorfahren und das kollektive Bewusstsein nehmen Einfluss auf unser Sein, sind ein Teil von uns.

Bereits im Kindesalter spürte ich die unterschiedlichen Themen und Emotionen, die in einem Raum vorherrschten. Manchmal stieß mich das fremde Feld ab und ich folgte dem Impuls, den Raum schleunigst zu verlassen. Nicht immer ist es jedoch möglich, zu gehen. Dann beginnen sich Energiefelder zu mischen und die Unterscheidung zwischen *deinem* und *meinem* wird dadurch nicht einfacher. Noch komplexer wird das Thema, wenn wir uns bewusst machen, dass wir nur jene Themen und Emotionen fühlen können, die unser System kennt, die ihm vertraut sind und somit ein Teil von uns sind. Mit jeder Begegnung im Außen bietet sich uns die Chance, uns selbst näher zu kommen.

Gefangen in der Selbstmanipulation gaukeln wir uns vor, uns zu kennen. In Wirklichkeit blockieren wir die Verbindung zu unserem Wesenskern. Wir trennen Teile von uns selbst ab. Sind wir tief mit unserer Essenz verbunden und kennen wir uns in unserem Schmerz, unserer Bedürftigkeit und unserer Göttlichkeit, dann kennen wir alles. Wir sind ganz, verbunden, eins.

Auf dem Weg in das kollektive Bewusstsein der Verbundenheit werden uns die Wege und Schicksale unserer Vorfahren noch eine Weile begleiten. Sieben Generationen vor uns nehmen direkt Einfluss auf das, was wir erfahren und erleben. Die Versöhnung mit unseren Vorfahren und die Erlösung ihrer ungehörten Hilfeschreie und Schicksale sind wichtige Puzzleteile auf dem Weg in unsere innere Freiheit. Immer mehr bislang Unterdrücktes bahnt sich seinen Weg in unser Bewusstsein, um nun Erlösung zu finden.

Es geht nicht darum, Schmerz, Schicksal und Schwere zu übernehmen, sich auszuliefern. Doch sind wir dazu aufgerufen, hinzuschauen und Verantwortung zu übernehmen für das, was sich auf der Erde im Laufe der Menschheitsgeschichte ereignet hat. In uns sind alle Informationen aus der Geschichte der Menschheit gespeichert. Auch Orte sind Träger für alles, was sich an ihnen bis heute ereignet hat.

Es ist höchste Zeit, unsere Ahninnen und Ahnen, sowie (geschichtsträchtige) Orte von Lasten zu erlösen. In der Anerkennung, dass wir nie voneinander getrennt waren. Veränderung und Heilung geschieht in der Hingabe, im Hinschauen und im Ordnen. Meines ist deines und deines ist meines. Dennoch ist es ein Unterschied, wie man mit *deinem* und *meinem* umgeht.

Für meines trage ich die volle Verantwortung. Es ist der Fußabdruck, den ich auf Mutter Erde für die nachkommenden Generationen hinterlasse. Es ist die Möglichkeit der Veränderung, die das Meine in sich birgt. Ich bin zuständig für das, was mir im Leben begegnet, ich erschaffe mein Leben. Mit jedem Atemzug neu.

Deines soll bei der Quelle bleiben, doch ist es wichtig, den eigenen Anteil darin zu erkennen. Folgende Worte können als Unterstützung zur Er-Lösung gelesen oder gesprochen werden:

Meines bleibt meines,
und deines bleibt deines.

Ich habe Mitgefühl mit dir,
doch wähle ich
meinen eigenen Weg zu gehen,
anstatt dir deinen abzunehmen.

Ich sehe, wertschätze und würdige dich
als Mensch in deiner Vollkommenheit und vertraue dir,
so wie ich mir und dem Leben selbst vertraue.

Ich ehre dich, so wie du warst, bist und sein wirst.
Ich ehre mich, so wie ich war, bin und sein werde.

Du bist frei und ich bin frei.

Ich erlaube es dir, machtvoll zu sein.
Ich erlaube es dir, frei zu sein.

Ich erlaube es mir, machtvoll zu sein.
Ich erlaube es mir, frei zu sein.

Ich erlaube es mir, friedvoll zu sein.
Ich lege die Waffen nieder, jetzt.

Die Transformation von persönlichen und kollektiven Themen aus der Vergangenheit und der Gegenwart geschieht durch stetige Selbstreflexion. Erst wenn der Kampf gegen sich selbst ein Ende gefunden hat, sind diese Schritte möglich.

Macht versus Autorität

Manipulation ist Machtausübung mit großer Wirksamkeit. Laut Duden ist Macht die Interaktion zwischen Kontrahenten, die sich gegenseitig beweisen wollen, dass sie über mehr Macht verfügen, als der jeweils andere. Kollektiv sind wir mit Herrschern konfrontiert, die ihre Machtstellung dazu nutzen, über Menschen zu bestimmen, um eigene Interessen zu verfolgen. Es geht nicht um das Wohle aller.

Der einzige Weg, der aus diesem Dilemma führen kann, ist das wache Beobachten und das Hinterfragen dieser Machenschaften. Das Aufzeigen von Missständen ist wichtig. Doch reicht es nicht aus, etwas zu kritisieren und zu bekämpfen. Wir müssen parallel Alternativen entwickeln und neu denken, um das, was nicht mehr funktioniert und vielleicht sogar in sich zusammenbricht, ersetzen zu können.

Die Bereiche, auf die ein Schwerpunkt zu legen ist, sind aus meiner Sicht die Erziehung und das Bildungssystem. Unsere Kinder sind die Zukunft und dort gilt es, so schnell wie möglich die Loslösung von unserem Standard zu initiieren, der die gegenwärtige Situation hervorgerufen hat.

Wir Erwachsene müssen uns gegen verhärtete Glaubenssysteme, Konditionierungen, Traditionen und Werte stellen, die uns die Gesellschaft als unerschütterlich und wahr vorgibt.

Als (Mit-)Träger des Systems spukt uns das Alte selbst immer wieder durch den Kopf. Es erfordert Disziplin, unterscheiden zu lernen zwischen Stimmigkeit aus dem Herzen und Hinnahme auf Grund der Vertrautheit. Regelmäßige Inventur der persönlichen Gedankenwelt und Gehirnwäschen im eigenen Inneren bringt uns schrittweise weg vom alten Pfad und gibt Raum für das Neue. (Selbst-)bewusste Menschen stellen im neuen Denken und Handeln die Weichen für die Zukunft. Sich gegen die Norm und die Masse zu stellen, erfordert Mut und Kraft.

Der Ruf, als Alphatier für eine neue Ära auf Erden zu agieren, ereilt dennoch immer mehr Menschen. Sich zu beugen, zu schweigen und von Machthabern regieren zu lassen, deren Wertesystem in Kollision mit den eigenen Werten steht, wird für immer mehr schier unmöglich. Als einzige Alternative bleibt, Teil der *Gegenbewegung* zu sein.

Nicht in der Haltung der sinnfreien Revolte, nicht im Kampf gegen das, was im eigenen Inneren verleugnet wird. Sondern mit der Intention, Veränderung auf allen Ebenen zu bewirken, die den Frieden auf Erden möglich macht.

Die Medizin der Macht kreiert die Zukunft in Frieden

Die Versöhnung mit dem Bild, das wir mit Macht assoziieren, ist ein wichtiger Schlüssel. Es ist notwendig, uns dessen bewusst zu werden, dass wir machtvoll sind. Die unterdrückte und unbewusst wirkende Macht hat uns an den Punkt geführt, an dem wir nun stehen. Geschieht Schöpfung unbewusst, beginnen Kräfte zu wirken, die uns Zerstörung und Ohnmacht vor Augen führen. **Es sind die Geister, die wir riefen, die uns schlaflos machen.**

Mächtig zu sein ist nichts Negatives, auch nichts Angsteinflößendes. Es ist unser Geburtsrecht, unsere Pflicht, Königin und König in unserem Leben zu sein. Wer sonst sollte diese Rolle übernehmen? Das Leben selbst bedeutet, mächtig zu sein – ermächtigt zu sein, Schöpfer zu sein. Gott hat uns alle mit der Macht des Schöpfertums im Menschsein auf Erden beschenkt. Ermächtigung bedeutet *Ent-Opferung*, bedeutet die Verantwortung für die Kostbarkeit *Leben* zu übernehmen. Indem wir das Ruder über unser Schicksal selbst in die Hand nehmen, wissen wir: Der Lebensweg kreiert sich in jedem Augenblick neu. **Mit Bewusstsein, Kraft und Hingabe gelingt es uns, durch die Turbulenzen des Seins zu navigieren, indem wir präsent sind und Entscheidungen treffen im Hier und Jetzt, aus der Einheit und der Verbundenheit von Körper, Geist und Seele, die wir sind.**

Wenn wir machtvoll sind, sind wir Herrscherinnen und Herrscher. Wir entscheiden über unsere Schwingung im Wissen, dass diese bestimmt, was uns begegnet.

Wir werden ganz, ermächtigt und frei.

Weckruf ins Licht

Möge erlöst werden, was nach Erlösung ruft.

Möge Wahrhaftigkeit die Illusionen auf Erden
im Nichts verpuffen lassen.

Mögen Klarheit, Urvertrauen und Intuition
die Menschheit in ein Sein in Frieden geleiten

Viele Menschen, die sich auf den Weg begeben haben, berichten von Schicksalsschlägen, die sie aus dem Hamsterrad ihres bisherigen Lebens gerissen haben. Das geschieht, wenn sich ein Mensch zu weit vom eigenen Seelenweg entfernt und es der Seele nicht mehr möglich ist, sich Raum zu nehmen und sich Gehör zu verschaffen. Krankheit, der Tod eines geliebten Menschen, Nahtoderfahrung: Ereignisse, die wachrütteln und die Möglichkeit bieten, sich neu auszurichten. Diese Weckrufe ins Licht ereignen sich an Weggabelungen. Dort dürfen wir uns entscheiden – für das Verweilen im Vergessen, das uns zu Marionetten werden lässt, kraftlos und ohne Perspektive, oder für das eigene Licht, ein Leben voller Kraft und Verbundenheit. Die Pandemie war und ist unser Weckruf im Kollektiv. Der aufflammende Ost-West-Konflikt in Europa führt den Tiefpunkt drastisch vor Augen, an dem sich die Entwicklung der Menschheitsgeschichte befindet. Wir dürfen uns nun entscheiden.

Wenn wir verstehen, dass alles mit allem verbunden ist, gehen wir automatisch in die Eigenverantwortung. Wir hören auf, uns zu Opfern des Systems, der Familie, von Gesellschaftsgruppen, oder Menschen in unserem Umfeld zu machen. Wir erkennen uns in ihnen wieder, sehen die Lehren, die sie uns schenken. Auch wird uns bewusst, dass es einen Unterschied macht, wie wir unser Leben gestalten und zwar nicht nur für uns selbst, sondern für die gesamte Existenz.

Noch immer nimmt sich der Großteil der Menschen der westlichen Welt als getrennt von der Natur wahr. Die Achtlosigkeit gegenüber unserem Heimatplaneten, Mutter Erde, spiegelt wider, wie wenig Wertschätzung wir dem Leben und somit uns selbst entgegenbringen. Wir Menschen sind nicht die Krone der Schöpfung, wir sind ein Teil der Schöpfung, ein bedeutsamer Teil. **Das, was wir schöpfen, schöpft uns.**

CO-KREATION: KRAFTVOLLE WEIBLICHKEIT UND SANFTE MÄNNLICHKEIT

Mann, was ist mit dir geschehen,
was haben wir aus dir gemacht?
Gegenseitig haben wir uns
Rollen zugeschrieben,
die uns voneinander trennten,
uns nicht mehr erkennen lassen,
dass wir eins sind.

Ich ehre den Mann in mir,
den Rebellen, den Beschützer,
den Kämpfer.
Er gibt alles, um zu begreifen,
zu kontrollieren.

Der Verstand ist sein bester Freund,
die Strategie sein vermeintlicher Bruder.
Ich schaue in den Spiegel,
versinke in der Tiefe meiner Augen.

Nicht der Mann ist es, der das Übel bringt.
Ich erkenne, der Mann lebt auch in mir,
jeder Mensch ist Mann und Frau
gleichermaßen.

Es ist an der Zeit,
Verantwortung zu übernehmen
für alle Aspekte des Menschseins.

Die Dualität fordert ihren Tribut.
Die Welt steht kopf, ist entzweit.

Verbinden wir, was getrennt.
Erkennen wir, es gibt kein Gut,
es gibt kein Böse.

Die Opfer machen sich zu Tätern,
indem sie sich der Ohnmacht hingeben.
Die Täter werden zu Opfern
ihrer eigenen Macht.

Und, wer wird siegen?

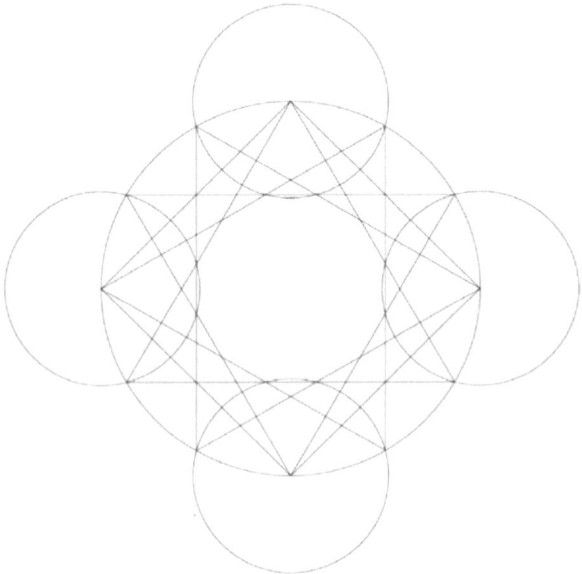

Symbol der Co-Kreation von weiblichen und männlichen Urkräften

Welche Rollen gilt es noch zu spielen? Sind es nicht die täglich aufgesetzten Masken, die uns zunehmend zu schaffen machen? Die kollektiv aufrechte Szenerie und das eigene Rollenspiel darin geben uns vermeintliche Sicherheit. Wir denken, es unter Kontrolle zu haben. Rahmenbedingungen und Spielregeln sind uns bekannt, alles scheint klar und geordnet. In Wirklichkeit sind wir gefesselt an das Bild einer Illusion, welche wir uns selbst erschaffen haben.

Weltweit herrscht das Patriarchat vor. Je nach Quelle dominiert diese Gesellschaftsform seit etwa 5000 bis 8000 Jahren. Noch bevor wir das Licht der Welt erblicken, wird uns die Rolle des Mädchens beziehungsweise die Rolle des Jungen auf den Leib geschrieben. Die Enttäuschung der Mutter, eine Tochter gebären zu müssen, ist bis zum heutigen Tag an vielen Orten Realität. Einen Thronfolger zu gebären, bringt nicht nur adeligen Frauen Erleichterung. Wie konnte das passieren?

Das Mädchen zweitrangig, die Frau reduziert auf Optik und Fleiß, versklavt und zum Eigentum des Mannes degradiert. Mit der Ursprungsgeschichte von Adam und Eva brachte die Kirche das Frausein endgültig mit Minderwertigkeit, Scham und Sünde in Verbindung. Die Entmächtigung und Beschmutzung sitzt tief. Die Frau als Schöpferin allen Lebens wurde durch einen Gott ersetzt, die männliche Allmacht, die über uns Menschen herrscht und richtet.

Die treibende Kraft des Patriarchats ist männlich. Linearität, Hierarchie, Ratio, Kontrollier- und Messbarkeit sind das Maß aller Dinge. Gemeinsam mit dem Fokus auf Optimierung beziehungsweise Maximierung bestimmen sie Gesellschaftsform und -organisation. Klimawandel, Klassengesellschaft, Ausbeutung, Burnout, Konsumwahn, Krankheit, Hunger und Krieg sind Konsequenzen des Systems.

Körperliche Liebe als Manifestation der Göttlichkeit

Sex zu haben, hat wenig mit Liebe zu tun. Sex ist animalisch, gesteuert von Trieb und Fantasie. Er dient dem Zweck der Fortpflanzung, manchmal zur Ablenkung, oder zum Abbau und Stillen der Erregung. Die Frau ist Objekt der Begierde und Gebärmaschine. Der Mann benutzt Körperlichkeit als Ventil für seine Kraft, mit der er nicht klarkommt. Er lenkt sich mit Sex ab und verwechselt ihn mit Lebensfreude und Sinnfindung.

Die Assoziationen, die wir zur Sexualität haben, sind über Generationen gewachsen, haben sich immer mehr verhärtet und gleichzeitig vom Ursprung entfernt. Die Erfahrungen des Schmerzes und der Enttäuschung all der Frauen und Männer, die vor uns waren, sind in unseren Zellen gespeichert. Sie lassen uns, obwohl noch unberührt, bereits mit Angst und Erwartung in die erste Erfahrung der Körperlichkeit gehen.

Weiblichkeit und Männlichkeit wieder heil werden zu lassen bedeutet, an der Wurzel der Verwirrung mit der Arbeit zu beginnen. Angst zu haben bedeutet, nicht in der Liebe zu sein. Den Mann begleitet die Angst zu versagen, zu früh zu kommen oder gar nicht zu kommen. Die Frau ist wie gelähmt vor Angst im Gefühl der Ohnmacht als Objekt. Oder sie fürchtet sich vor dem Urteil des Mannes, nicht ausreichend gut zu sein und, als bittere Konsequenz, durch ein anderes Weibchen ersetzt zu werden.

Die Frau hat das Bedürfnis, imponieren zu wollen, geht in Konkurrenz mit anderen Frauen. Im Patriarchat haben die Männer das Sagen und Frauen machen es sich zur Strategie, um den kraftvollsten und schönsten Mann zu buhlen. Ein machtvoller Mann an der Seite stärkt, vor allem dann, wenn man als Siegerin unter mehreren Bewerberinnen hervorgeht.

Dieser Irrglaube macht uns Frauen zu Sklavinnen der Sexualität. Wir versuchen reizvoll zu sein und dem Mann zu gefallen. Das alleine schenkt uns (vermeintliche) Befriedigung. Wir haben die Gegnerin besiegt und der Mann begehrt uns. Leider bleibt das Feuer des Anfangs in dieser Oberflächlichkeit selten erhalten. Was vorerst reizvoll ist, muss bald durch neue Reize ersetzt werden. Es könnte sein, dass diese Reize an einer Anderen gefunden werden. Das Bild der Konkurrentinnen bleibt und prägt das Verhältnis der Frauen untereinander.

Beischlaf als eheliche Pflicht ist in unserer Kultur nicht gesetzlich verankert. Dennoch sehen viele Ehemänner und auch Ehefrauen diesen als Muss an. Viele Frauen lassen es über sich ergehen, des Friedens willen.

Die Situation ist verworren, doch nicht aussichtslos. In der Co-Kreation zwischen Mann und Frau dürfen wir uns körperlich neu, oder besser gesagt wieder-(er)-finden. Ich bin keine Expertin in Sachen Sexualität. Tief in meinem Inneren spüre ich jedoch diese Heiligkeit, die in der wahren Körperlichkeit liegt. Die Wurzel dieser heiligen körperlichen Hochzeit liegt in jedem Wesen verborgen. Zeit, uns diese wieder zu erschließen. Mann und Frau gemeinsam. Wir können uns dieses Sein in körperlicher Liebe mit Beharrlichkeit und Geduld zurückerobern. Das spüre ich ganz stark. Auch, wenn der Weg ein langer sein wird. Es wird sich lohnen.

Da kommt Traurigkeit auf. Situationen, Bilder und Aussagen, die wenig mit Heiligkeit und auch nichts mit Liebe zu tun haben, tauchen auf.

Mit etwa zwölf Jahren wurde ich zum ersten Mal von einem jungen Mann im Intimbereich berührt. Es war ein Blitz, der durch meinen Körper fuhr. Erregung. Etwas, was ich damals zum ersten Mal bewusst wahrnahm. Es passierte am Heimweg von der Schule. Ich kannte den Jungen nicht, hatte ihn weder zuvor, noch danach nie wieder gesehen. Die Burschen waren zu dritt unterwegs, sie kamen mir am Gehsteig entgegen. Für mich waren sie nicht von Bedeutung, außer dass ich, dem Alter entsprechend am liebsten vom Erdboden verschluckt worden wäre angesichts der Tatsache, mich gleich an drei etwas älteren Burschen vorbeidrängeln zu müssen. Mein Fokus lag darin, die beste Variante zu finden. Links? Rechts? Wo war genug Platz, um mich an der Gruppe möglichst unauffällig vorbeizuschleusen? Da war sie, die unerwartete und bislang unbekannte körperliche Sensation, die mich schlagartig aus meinen Gedanken riss. Als ich mich wieder gefangen hatte und es mir gelang, gedanklich zu rekonstruieren, was geschehen war, drehte ich mich nach den jungen Männern um. Sie waren schon einige Schritte weitergegangen, unterhielten sich angeregt und schienen vergnügt amüsiert.

Das Gefühl der göttlichen Ekstase, welches mich unverhofft, aber angenehm traf, wandelte sich umgehend in Scham um. Bis zu dem Zeitpunkt wusste ich weder, was Erregung, noch was Scham war. So sehr sind wir unentwegt mit dem verbunden, was im Kollektiv angelegt ist.

Der kleine Prinz

Seit dem Aufkommen des Feminismus im 18. Jahrhundert wird unermüdlich für die Gleichstellung und Selbstbestimmung der Frau gekämpft. Parallel kann die verheerende Tragweite der Verherrlichung des männlichen Geschlechtes an den Vätern und Söhnen unserer Zeit beobachtet werden.

Weiblich und männlich gehören zusammen. Beide sind Ausdruck des Göttlichen. In der Vereinigung beider Pole wird Vollkommenheit zum Ausdruck gebracht. Der stetige Austausch und die Harmonisierung beider Qualitäten sind der Ursprung der Stille und des Lebens, der Beginn der Balance und des Friedens. Wie Tag und Nacht, Sonne und Mond, Himmel und Erde, sind Frau und Mann Schwester und Bruder. Die Frage, was oder wer besser ist, sollte sich nie jemand gestellt haben. Männlich und weiblich sind ein sich ergänzendes, geschlossenes System. Es ist Einfachheit in Perfektion und funktioniert makellos.

Der kleine Prinz spürt, dass er sowohl männliche als auch weibliche Energien in sich trägt. In der Kombination beider Teile fühlt er die Disbalance in allen Bereichen auf Erden. Jungen sind ursprünglich mit ihrer weiblichen Seite, ihrer Sanftheit und Intuition in Verbindung. Als Buben werden sie von Geburt an von der Gesellschaft für ihre Männlichkeit gekrönt und für ihre Weiblichkeit verurteilt. Die Erhebung und Verherrlichung des Männlichen macht Druck. Die Last, den Erwartungen und Anforderungen an den zukünftigen Herrscher gerecht zu werden, wird für den heranwachsenden Prinzen je nach Sensibilität immer größer. Das Gefühl der Ungerechtigkeit, das Männliche über das Weibliche gestellt zu wissen, drückt auf die Brust.

Viele junge Männer von heute können sich teils nicht mehr mit den gelebten Männerklischees identifizieren. Wenn sie ihre Weiblichkeit in den Vordergrund rücken, werden sie jedoch als Weicheier oder Waschlappen bezeichnet. Eine scheinbar aussichtslose Lage.

Vom Prinzen zum Tyrannen

Die Sanftheit und Sensibilität wird zunehmend unterdrückt, die eigene Wahrheit verschlossen gehalten. Die erwartete Rolle wird eingenommen, *Mann* wächst in die Rolle hinein. Aus dem Prinzen wird der Tyrann. Getrieben und kontrolliert von einer isolierten, entfremdeten Männlichkeit. Eine Männlichkeit, die wenig mit der ursprünglichen Männlichkeit zu tun hat. Um den Tyrannen zu erlösen, braucht es die Würdigung des Weiblichen nicht nur in der Frau, sondern auch im Mann. Nur so kann der Tyrann dem Mann weichen, der König ist und sich würdevoll und mächtig an die Seite der Königin gesellt.

König und Königin am Thron leben Co-Kreation
zum Wohle der gesamten Existenz.

TEIL II
ERMÄCHTIGUNG

zeigt Möglichkeiten auf, uns aus der globalen (Sinn-)Krise herauszumanövrieren.

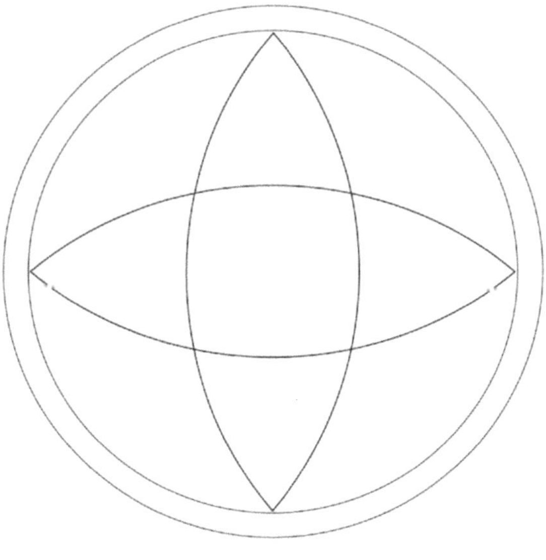

Mutter Erde gebiert sie nun, ihre Töchter,
die wiederum Mütter großer Kräfte sind,
führt sie in ihre wahre Bestimmung, in ihre volle Kraft.

Aus den Tiefen der Erde wird das ewige Wissen
über das Leben in Demut und Vollkommenheit geboren.

Die Liebe gegenüber der gesamten Existenz
durchflutet das Sein auf Erden.

3. WEISHEIT

WESENTLICHEM RAUM GEBEN

DIE URFRAU ERWACHT

Mädchen, Frauen, Alte Weise, Priesterinnen, Eingeweihte, Magierinnen der Neuen Zeit! Der Augenblick der Ermächtigung ist gekommen. Die Kraft der weiblichen Urfrau hat die Ruder der Boote auf den Weltmeeren übernommen. Die göttliche Ordnung findet wieder Einzug auf unserem wunderschönen Heimatplaneten.

Die indigenen Völker haben es vorhergesagt.
Es ist die westliche Frau, die den Frieden auf Erden bringt.

Westliche Frau, Trägerin des Friedens auf Erden

Die Frauen der westlichen Welt haben es verlernt, *ganz* zu sein. Zu sehr wurden sie zerrissen, ihrer Vollkommenheit beraubt. Die Würde wurde ihnen genommen. Den Zugang zur Weisheit über das Mysterium Leben haben sie sich selbst verwehrt.
Frauen gingen stets im Zyklus der Weiblichkeit, Hand in Hand mit den Gezeiten der Mondin, schwingend mit den Jahreszeiten, die einhergehen mit dem Lauf der Sonne. Alles hat seine Zeit und die Schöpfung klingt in immerwährender Harmonie, wenn die Räume und die jeweils passenden Zeiten respektiert und zelebriert werden.

Frauen wissen im Nicht-Wissen, intuitiv und jenseits des Intellekts. Die Macht der Ratio hat sie in die Männlichkeit getrieben. Die Frau wurde ihrer weiblichen Identität beraubt. Ihre Essenz ist nicht mehr greifbar, kaum spürbar.
Nun gilt es, dass mehr und mehr Frauen ihre Masken ablegen. Die Zeit der Dominanz des Männlichen findet ihr Ende. Es war eine Zeit des Weichens, des Entweichens – hinaus aus der Schöpfungskraft, hinaus aus der Göttlichkeit. Nicht nur für Frauen, sondern auch für Männer. Frauen haben sich erniedrigen lassen, sich selbst als minderwertig betrachtet, zu vieles über sich ergehen lassen. Frauen haben begonnen, sich in der männlichen Welt zu behaupten, indem sie sich darin geübt haben, der bessere Mann, besser als jeder biologische Mann, zu sein.

Die kollektive Rückbesinnung auf die weibliche Urkraft initiiert den Wandel. Ein Prozess, den bereits viele Frauen in den letzten Jahrzehnten durchlebt und somit vorangetrieben haben. Mit jedem Tag werden es mehr Frauen, die authentisch und frei, befreit von den Fesseln der Geschichte zu leben beginnen. Sie verlassen sich auf ihr Gefühl und die innere Weisheit.

Die Maskerade ist vorbei. Zeit, in den Spiegel zu schauen. Kannst du dich sehen? Echt, pur, wahrhaftig? Es ist nicht möglich, im Außen zu sehen, was im Inneren noch nicht gewürdigt wird. Die Würdigung der Weiblichkeit in der Frau macht die Würdigung der Weiblichkeit in der Welt erst wieder möglich. Der erste Schritt der Ermächtigung der Frau ist es, damit aufzuhören, besser als jeder Mann sein zu wollen. Die eigene Weiblichkeit zu missbrauchen, zu verleugnen und zu unterdrücken, bringt Leid. Die Maschinerie des Schaffens, des Tuns, die Idee der Notwendigkeit des stetigen Wachstums ließ uns Vergleiche ziehen.

> **Weiblichkeit bewertet nicht. Weiblichkeit ist.**
> **So wie sie das Feuer des Lebens verkörpert und hütet.**
> **Weiblichkeit ist unerschöpfliche Fülle im Sein.**
>
> **Weiblichkeit ist Gefühl und Weisheit,**
> **Achtsamkeit und Empathie,**
> **Besonnenheit und Urvertrauen,**
> **Geborgenheit und künstlerischer Ausdruck.**
>
> **Die wiedererwachte Urfrau gebiert die Neue Welt.**

Frau, hör auf

Frau, hör auf, dich selbst zu belügen,
dich zu winden, zum Schatten deiner selbst
zu werden in der Ohnmacht,
der du dich verschrieben hast.

Leg ab die Masken der Illusion,
begegne dir, nackt, ganz nackt.
Bewege dich im Takt,
gehe mit den Zyklen der Weiblichkeit.

Ja, du bist der Nabel der Welt,
weil du schöpfst, weil du weißt.
Lass dir nicht länger erzählen,
dass du wertlos bist.

Steh auf und tanze!

Die Urfrau, nackt und ohne Furcht, kann nicht Sichtbares sehen. Sie nimmt Zwischenräume wahr, die wirken, jedoch nicht immer offensichtlich und greifbar, begreifbar, sind. Der Einblick in den Wesenskern lässt das offensichtlich mit den Augen Wahrnehmbare als Illusion erkennen. Sie sieht hindurch durch die Schleier des Vergessens, der Vernunft, der Angst und der Manipulation.

Wahrhaftig zu sein und die eigene Wahrheit zu sprechen liegt in der Natur der Urfrau. Anfangs braucht es Mut, die Stimme zu erheben. Bald ist es ihr unmöglich, nicht mehr das Wort für die Gerechtigkeit und den Frieden auf Erden zu ergreifen.

Die Liebe und die Urfrau sind eins, unzertrennlich miteinander verbunden. Der Atem des Lebens pulsiert durch ihren Herzensraum, der in der Hingabe an das menschliche Sein immer weiter wird. Die Liebe der Mutter ist der Samen für die Lebendigkeit, das *Ja* zum Leben. Alles, was aus Liebe entsteht, ist göttlich, vollkommen. Die Gebärmutter, geschützt und behütet im Schoßraum der Frau, gibt Raum für das Leben. Anfangs zart und bedürftig, wird es immer kräftiger, um wiederum dem Leben neues Leben einzuhauchen.

DIE WIEDERHERSTELLUNG DER GÖTTLICHEN ORDNUNG

Frau und Mann sind ebenbürtig. Keine und keiner wertvoller oder besser als die oder der andere. So ist es, so will es die Schöpfung. In der Begegnung auf Augenhöhe und der Verschmelzung im Einklang entsteht Leben. Der Akt der Schöpfung wurde beschmutzt, verzerrt, interpretiert. Sexualität in ihrer Ursprünglichkeit ist auf Erden nicht mehr existent. Wir Menschen haben uns darin verloren zu verstehen, zu lenken und zu beherrschen. Die Schöpfung selbst kann nicht beherrscht werden. Was wir uns stattdessen erobert haben, sind unsere Körper. Unser Verstand und der animalische Trieb herrschen über den Körper. Wir dürfen lernen, unseren Verstand zum Schweigen zu bringen, wenn sich Körper berühren. Wir sind dazu eingeladen, uns dem natürlichen Fluss des Seins hinzugeben. Der Körper hat Bewusstsein. Er hält die menschliche Existenz am Leben. Sexualität darf wieder heilig werden. Die Frau wird im patriarchalen Denken mit Sünde und Scham befleckt. Sie empfängt, tut, was ihre Aufgabe ist, um das Leben zu säen und wird dafür erniedrigt. Degradiert zum Objekt der Lust und Begierde für den Mann.

Es ist nun eine wichtige Aufgabe der Frau, sich vom Patriarchat zu verabschieden, das in ihrem eigenen Inneren regiert. Die Wiedererweckung der Heiligkeit in der Körperlichkeit unterstützt dabei, die eigene Göttlichkeit wieder spüren und leben zu können. Frauen dürfen begreifen, dass die Rolle des Empfangens die federführende Kraft der Schöpfung ist. Denn nur aus der Empfängnis heraus kann gegeben werden. Die Empfangende bestimmt, wen oder was sie empfängt. Der Mann, als Auserwählter, darf den heiligsten Raum aller Räume betreten, den Schoßraum der Frau. Aufgabe des Mannes ist es, die Heiligkeit darin wieder zu spüren und die weibliche Urkraft zu würdigen und zu hüten.

Es geht auch im Bereich der Sexualität darum, kollektiv Heilung einfließen zu lassen. Schneller, weiter, größer, lauter, besser darf sowohl vom Mann, als auch von der Frau losgelassen werden. Heiligkeit entfaltet sich in der Stille, im Sein im Fluss. Die Frau darf den Mann führen, gemeinsam tauchen sie Schritt für Schritt in eine ursprüngliche, reine Körperlichkeit ein. Frei von Vorstellung, frei von Erfahrung und Vergleich. Es in der Natur der Weiblichkeit zu empfangen, zu lieben, zu nähren, zu achten, zu führen und zu gebären. Die Frau ist diejenige, die es vermag, Göttlichkeit zu geben, nachdem sie in ihrem Schoßraum vom Mann initiiert wurde.

Empfangen und Hüten

Frauen empfangen und Männer hüten den zarten Raum der Empfängnis. Die Frau empfängt den Mann in ihrem heiligen Schoßraum, in dem all die Weisheit über das Leben und die kosmischen Gesetzmäßigkeiten gespeichert sind. Der Mann hält und schützt den Raum, den das Weibliche braucht, um sich und das Leben entfalten zu können. Beide Aufgaben sind unabdingbar miteinander verbunden und gleichermaßen von Bedeutung. In der Vereinigung empfängt der Mann die Energien des heiligen Raumes, die Frau gibt den Atem Gottes weiter. Sie teilt mit ihm, was ihr zuteilwird. Wenn der Mann die Kostbarkeit dieses Geschenkes erkennt, ist es ihm gar nicht mehr möglich, die Weiblichkeit unter sich zu stellen. In Demut hält er den Raum für sie, wissend, dass er empfängt, was er gibt. Immer.

Wenn aus einem Paar durch die Empfängnis Eltern werden, werden sie zu Wächtern des Lebens, reich beschenkt und mit einer verantwortungsvollen Aufgabe betraut. Sie dürfen dem neuen Leben die Hand reichen, so lange, bis das Kind eigenständig ist und seinen Weg alleine weitergehen kann.

Eltern der Neuen Zeit lockern die patriarchalen Strukturen auf. Sie bringen der Tochter und dem Sohn dieselbe Wertschätzung entgegen. Indem der Sohn Sohn bleiben darf und nicht zum Prinzen gekrönt wird, noch bevor er sich dieser Verantwortung gewahr werden, geschweige denn, diese übernehmen kann. Jungen und Mädchen dürfen inneren Impulsen folgen, sich frei ausdrücken und entfalten. Buben dürfen mit Puppen spielen, wenn sie es wollen. Mädchen mit Autos. Alles ist gut.

Erwachsene stehen im Dienste der Kinder. Sie sind diejenigen, die ihnen bedingungslose Liebe und Unterstützung zufließen lassen. Kinder sind nicht das Eigentum der Gesellschaft, auch nicht das ihrer Eltern. Es ist die Aufgabe der Erwachsenen, ihre Zartheit zu hüten und sie mit viel Achtsamkeit tief in das menschliche Sein zu führen. Das Wichtigste dabei ist, Kinder sein zu lassen, so wie sie von Natur aus sind. In ihrem eigenen Tempo, ihrer eigenen Wahrheit, ihrem eigenen Licht.

Klischees

Ich habe das Glück, dass mir bereits als Kind ein anderes Bild der Rollenverteilung übermittelt wurde, als in der westlichen Welt allgemein üblich. Meistens war es mein Papa, der hinter dem Herd stand. Nicht, weil meine Mama nicht kochen konnte, sondern weil er es war, der mit Leidenschaft in der Küche stand. Er brannte sowohl für die Kreation von altbekannten und beliebten Speisen, als auch für neue kulinarische Kompositionen. Eine klassische Hausfrau lernte ich erst kennen, als ich in der Familie meines ersten Freundes zu Gast sein durfte. Meine damalige Schwiegermutter ging in ihrer Rolle auf, sie scheute weder Kosten noch Mühen, um ihren Mann und die Söhne zu verwöhnen. Es war zwar so, dass die Männer im Haus umsichtig waren und auch hie und da mithalfen, dennoch hatte ich den Eindruck, dass sie in ihrer aufopfernden Rolle aufging und diese nicht missen wollte. Ganz im Gegenteil, die Identifikation mit der Rolle der Hausfrau und Mutter schien stimmig, ihr Sinn gebend. Manchmal hörte ich sie ein wenig jammern, dass sie nicht zum Verschnaufen käme. Die Zubereitung des Kuchens für den Besuch zum sonntäglichen Nachmittagskaffee lenkte sie aber immer wieder erfolgreich vom Hadern ab.

Mein erster Freund kam aus gutbürgerlichem Haus. Christliche Werte standen an oberster Stelle. Mein damaliger Schwiegervater duldete es nicht, dass sein Sohn und ich gemeinsam unverheiratet in einem Zimmer schliefen. Damals war ich 19 und noch Jungfrau. In der Nacht, in der er mich auf die Straße werfen wollte, stand ich ihm in meiner kindlichen Naivität gegenüber, mir keinerlei Schuld bewusst. Sein Sohn war derjenige, der seit Wochen versuchte, mich bislang vergebens rumzukriegen. Der Blick vom Schwiegervater war vernichtend. Es dauerte eine Weile, bis ich das Gefühl, falsch und unmoralisch zu sein, halbwegs loslassen konnte. Würde ich ihm heute begegnen, wäre wahrscheinlich immer noch ein Teil davon da. Scham und Schuld, die Beschmutzung der Weiblichkeit sitzt tief. Nicht nur im Mann, auch in der Frau.

Der Konflikt der Generationen

Meine Oma war eine starke Frau, eine Persönlichkeit mit Charisma und Durchsetzungsvermögen. Sie war eine der ersten Frauen im Gemeinderat ihrer Heimatstadt. Sie fühlte sich wohl unter den männlichen Kollegen, wusste stets, was sie wollte und setzte sich mit Leidenschaft dafür ein. Oma tanzte gerne, liebte die Bewegung, die Musik und genoss es, unbeschwert in Gesellschaft zu sein.

Weder ihre Tochter, noch ihre beiden Enkelinnen gerieten diesbezüglich nach ihr. Ganz zu ihrem Leidwesen. Ihr Unverständnis für uns Gesellschaftsmuffel drückte sie mehrmals aus. Auch ihre Frustration, wenn wir Dinge anders als sie, oder gar nicht, machten.

Einen für meine Großmutter einschneidenden Eklat mit uns Enkelkindern gab es am Strand in Griechenland. Oma nannte sich selbst gerne Wasserratte. Sie wuchs am Wasser auf. Für sie war es überlebenswichtig, so früh wie möglich schwimmen zu lernen. Bis ins hohe Alter nutzte sie jede Gelegenheit, ins Wasser zu tauchen. Ihre unzähligen Reisen brachten sie zu vielen Gewässern an den unterschiedlichsten Orten auf Erden. Ihr Badeanzug war immer mit im Gepäck.

Als ich Mitte zwanzig war, fuhren meine Schwester und ich gemeinsam mit Oma in den Urlaub. Es war ein langer Wunsch von ihr gewesen, mit uns an ihren Stamm-Urlaubsort am Meer zu fahren. Wir reisten in der Vorsaison, das Hotel war mäßig besetzt und das Wetter konnte schwer mit Badespaß assoziiert werden. Der Wecker klingelte pünktlich um sieben Uhr früh. Am ersten Morgen gelang es ihr noch, meine Schwester und mich davon zu überzeugen, dass es unabdingbar sei, noch vor dem Frühstück an den hoteleigenen Strand zu eilen, um sich den besten Liegestuhl zu reservieren. Am zweiten Morgen verließ sie das Hotelzimmer, spürbar genervt von ihren Enkelinnen, alleine. Ihre einzige Begleitung war die prall gefüllte Badetasche, die sie schon am Vorabend bereitgestellt hatte. Ich glaube mich daran zu erinnern, einen tiefen Seufzer und ein gemurmeltes: *„dumme Diandln* [1]" vernommen zu haben. *Dumme Diandln* bekamen wir immer dann zu hören, wenn wir etwas anders machten als sie. Ihrem Empfinden nach machten wir große Fehler, war sie doch diejenige, die es richtig wusste. Unsere Unbelehrbarkeit und Beharrlichkeit bereiteten ihr immer wieder Kopfzerbrechen. Wir sollten doch auf sie hören, als Älteste.

Es gibt viele Bereiche, in denen ich mir meine Oma zum Vorbild nehme. Sie war ein Engel auf Erden mit großem Herzen, für viele Menschen ein Segen. Auch war sie eine Powerfrau, vielleicht sogar eine frühe Emanze der sanften Art. Ihren Kindern und Urenkeln lebte sie jedoch eine Art von Überlegenheit vor, die manchmal nur nervte, aber auch schmerzte. Sie sah sich als die Erwachsene, die sich auf eine reiche Lebenserfahrung berufen konnte und jedenfalls wusste, wie es geht. Dass ihr Weg nicht immer der passende Weg für andere sein musste, hatte sie nicht verstanden, schon gar nicht akzeptiert. Es wäre so wichtig, dass die Generationen respektvoll miteinander umgehen. Sehr wohl können die Jungen von den Alten lernen, doch gleichzeitig können auch die Alten sich immer mal wieder ein Beispiel an der jüngeren Generation nehmen.

Kinder als größte Lehrmeister

Wie Frau und Mann sich auf Augenhöhe begegnen sollen, sollen auch Erwachsene und Kinder sich ebenbürtig begegnen. Es geht nicht darum, unsere Verantwortung den Kindern zu geben und sie bereits im Kindesalter zu Erwachsenen zu machen. Es geht darum, dass wir Kinder als eigenständige Individuen respektieren und fördern. Wir Erwachsene pressen sie in unsere Welt. Wir fordern Anpassung an unseren gewohnten Lebensrhythmus. Die Aufgabe des kommerziellen Schulsystems ist es, nicht Wissende mit Wissen zu versorgen. Die Bewertung, was Wissen ist, basiert auf dem

1 Diandln: Kärntnerisch für *„Mädchen"*

patriarchalen Weltbild. Nicht nur in Bezug auf Hierarchie und Autorität, sondern auch in Hinblick darauf, welche Art von Wissen wertvoll ist und Priorität hat.

Vor vielen Jahren hatte ich die Ehre, André Stern persönlich bei einem seiner Vorträge erleben zu können. Er ist aus meiner Warte ein wunderbarer Botschafter der Neuen Zeit. Er erhebt seine Stimme für die Kinder dieser Welt. Wie seine Eltern es ihm bereits vorgelebt, mit ihm gemeinsam gelebt haben, stellt er die Begeisterung als natürlichen Motor der Entwicklung an höchste Stelle. Es gibt aus seiner Sicht kein Kind, das nicht lernen will. Es entspricht der Natur des Kindes präsent zu sein, neugierig zu sein und die Welt um sich herum entdecken zu wollen. Das Begreifen und Lernen passiert spielerisch aus der Neugierde und dem Brennen für eine Sache.

Die Begeisterung steckt nicht bei jeder oder jedem in denselben Themen. Auch Begabungen sind weit gestreut. Wie schön es doch wäre, wenn jeder Mensch das tun dürfte, was seiner Natur entspricht. Zu dem Zeitpunkt und in dem Tempo, in dem es jeweils stimmig ist. Dort wo das Feuer ist, ist die Lebensfreude und der Antrieb nach mehr. In diesem Bereich ist auch das Gelingen meist kein Thema. Diesem Ansatz stellt sich unser allgemeines Schulsystem entgegen. Für alle gilt derselbe Lehrplan, bewertet wird nach Schema F.

In unserer Leistungsgesellschaft existiert diese frühzeitig angelegte Spaltung. Es wird zwischen Arbeitern und Intellektuellen unterschieden. Heute gibt es zumindest in großen Teilen der westlichen Welt die Möglichkeit, studieren zu können, unabhängig vom sozialen Status und vom Geschlecht. Meine Großmutter war intelligent, aufgeschlossen und strebte nach Bildung. Sie stammte aus einer Arbeiterfamilie, der gewünschte Weg war ihr verwehrt. Nach den Pflichtschuljahren begann ihr Arbeitsalltag in einer Fabrik. Umgekehrt ist es nicht unüblich, Wissen in Kinder hineinzuprügeln, die aus gutem Hause stammen. Es sollte doch schließlich etwas aus dem Sprössling werden. Dass es nicht für jede und jeden der Weg ist, nach Bildung zu streben und darin vor allem Erfüllung zu finden, wird außer Acht gelassen.

Im Kindergarten spielen Kinder miteinander, sie begegnen sich, für einen kurzen Austausch, oder für eine längere Zeit. Mal sind sie sich näher, mal gehen sie getrennte Wege. Ursprünglich gibt es keine Mutmaßungen, die auf berechnendes Handeln ausgelegt sind. Kinder sind, ohne Bewusstsein für Konkurrenz, Missgunst, Berechnung und gesellschaftliche Verpflichtung. Was zählt, ist einzig und allein der augenblickliche

Moment, die Stimmigkeit dessen, und/oder die Konsequenz der Veränderung bei Unstimmigkeit. Das haben wir uns abgewöhnt. Anstatt diese Gabe der Jetzt-Präsenz mithilfe unserer Kinder wieder in uns zu erwecken, vermitteln wir ihnen unsere Bedürfnisse. Höflichkeit und Anpassung, Taktik und Revierverteidigung anstelle von Authentizität und Hingabe.

Der jetzige Moment ist alles, was zählt. Kinder zelebrieren ihn. Wir Erwachsene haben es verlernt, gegenwärtig zu sein. Entweder wir verlieren uns in der Vergangenheit, oder wir schweifen gedanklich in die Zukunft. Es gibt viel, was Kinder intuitiv auf der Erde verkörpern, dem Wesen Mensch im Kern Entsprechendes. Sie hüten es und erinnern uns mit ihrer Präsenz daran. Und was machen wir? Wir verbiegen und unterdrücken, belehren und schaffen Rahmenbedingungen, die die natürliche Entfaltung in ihrer Einzigartigkeit unterbindet. Zeit, unsere Kinder als unsere Lehrer zu erkennen und zu würdigen. Zeit, ihnen auf Augenhöhe zu begegnen und mit ihrer Hilfe einengende Strukturen aufzuweichen und abzuändern, zum Wohle der gesamten Existenz.

BEWUSSTSEIN – EUROPAS AUFGABE IM KOLLEKTIV

Freiheit

Ich kann fliegen, weit fliegen.
Ich habe Flügel, große Flügel.
Ich habe Kraft, viel Kraft.

Ich wurde geboren in die westliche Welt.
Meine Hautfarbe ist weiß und ehrlich gesagt
habe ich mir darüber lange Zeit keine Gedanken gemacht.
Es ist so, ohne Wertung, weder gut noch schlecht.
Doch was, wenn es doch „gut" ist, „von Vorteil ist"?

Ich fühle, dass es von Vorteil ist.
Ich fühle auch, dass es Verantwortung ist.

Ich fühle, dass es meine Aufgabe ist, hinzuschauen,
zu heilen – meine Wunden und die Wunden meiner Ahninnen und Ahnen.

Wir Menschen sind verwirrt,
haben uns verirrt in der Idee der Trennung.

Hautfarbe gegen Hautfarbe.
Nation gegen Nation.
Religion gegen Religion.
Kultur gegen Kultur.
Ideologie gegen Ideologie.
Wahrheit gegen Wahrheit.
Region gegen Region.
Familie gegen Familie.
Mensch gegen Mensch.

Ich fühle, dass es an mir liegt,
den Frieden im Inneren zu wahren.
Ich fühle, dass es meine Bestimmung ist zu schweigen,
wenn es an der Zeit ist.
Ich fühle, dass es meine Medizin ist zu sprechen,
wenn es mein Auftrag ist.

Ja, manchmal schweige ich und manchmal spreche ich.
Meine Medizin ist die Balance zu halten zwischen Aktion
und Reaktion, zwischen Aktivität und Passivität.

Meine Passivität erfordert Aktivität, Wachsamkeit,
Fokus und Kraft. Im Schweigen passiert etwas.
Es passiert in der Tiefe. Im Handeln passiert etwas.
Es passiert im Moment und kann in die Tiefe gehen.

Jeder Mensch hat seinen individuellen Weg, sich auszudrücken.
Im Urteil, in der Wertung, in der Erwartung, die zerschlagen wird
von der Ent-Täuschung, wurzelt die Trennung.

Ich heile die Rassistin in mir.
Ich heile die Nationalistin in mir.
Ich heile die Christin mir.
Ich heile die Europäerin in mir
Ich heile die Österreicherin in mir.

Ich heile mich im Umarmen und Annehmen meiner Menschlichkeit,
meiner Imperfektion, meiner Naivität und meiner Unwissenheit.

Jetzt! So ist es und so soll es sein!

Welten

2003 lernte ich Carolina kennen. Wir begegneten uns in Kanada. Beide hatten wir das Glück, für ein Auslandssemester an der renommierten McGill Universität ausgewählt worden zu sein. Carolina war fröhlich, irgendwie anders.
Sie stammte aus Südamerika. Ihre Mutter Kolumbianerin, ihr Vater Peruaner. Ihre indigenen Wurzeln waren äußerlich deutlich sichtbar. Wunderschönes, glattes, dichtes, schwarzes Haar, dunkler Teint, hohe Wangenknochen. Von der Größe her reichte sie mir bis zur Nase. Ich bewunderte ihre Lebensfreude und ihre Gabe, in allem das Positive zu sehen. Sie war präsent, temperamentvoll, voller Feuer und Herz. Wir wurden Freundinnen und sind es bis heute.

Unsere gemeinsame Sprache ist Englisch. Manchmal wünsche ich mir, Spanisch sprechen zu können. Nicht nur, weil ich die Sprache liebe, da sie in mir ein Gefühl von

Geborgenheit und Heimat auslöst, sondern auch, weil ich im Gespräch mit Carolina manchmal das Gefühl hatte, nicht an ihren Kern vordringen zu können. Irgendetwas Unausgesprochenes steht zwischen uns. Vielleicht steht es nicht wirklich zwischen uns, doch hat es mit unserer Herkunft und vor allem mit dem historischen Erbe, das wir Europäer mit uns tragen, zu tun.

Für die Bewerbung eines Auslandssemesters in Montréal entschied ich mich aus dem Bauch heraus. Es war meine Reaktion auf die Mitteilung meines damaligen Freundes, dass er für eine Weile nach Moskau gehen würde. Die erforderlichen Unterlagen und das Portfolio mit Studienarbeiten wurden in letzter Minute und teils in nächtlichen Schichten von mir zusammengestellt. Fast business as usual in der Welt einer Architekturstudentin. Der Bewerbungstermin konnte haarscharf eingehalten werden und prompt erhielt ich einige Wochen später eine positive Rückmeldung. Die Jury hatte sich unter anderen für mich entschieden. Ich bekam die Möglichkeit, nach Kanada zu reisen und Einblicke in das dortige Leben und vor allem in das Universitätssystem zu erhalten. In mein Studentenleben in Wien hatte sich zum damaligen Zeitpunkt ein gewisser Alltagstrott eingeschlichen. Der Tapetenwechsel kam mir sehr gelegen.

Erst viele Jahre nach der Zeit in Kanada begriff ich, dass für Carolina die Studienzeit auf der renommierten Universität viel mehr bedeutete als Abwechslung und Erfahrung. Für sie war es das Sprungbrett in die westliche Welt. Jener Welt, in der man mit Fleiß und Beharrlichkeit erfolgreich werden kann. Das war das Ziel ihrer Eltern gewesen. Ihre Tochter sollte es besser haben, als sie es hatten. Guter Job, guter Verdienst, besser eben.

An das gemeinsame Semester hängte Carolina ein weiteres an, danach suchte sie sich einen Job, um noch länger in Montréal bleiben zu können. Die Unterkunft, in der sie lebte, bekam ich nie zu Gesicht. Sie war Mieterin einer kleinen Wohnung, vielleicht war es nur ein Zimmer, das sie bewohnte. Zu klein, um Gäste zu empfangen. Außerdem verriet ihre Anschrift, dass sie am Stadtrand lebte, besser gesagt, übernachtete. Die meiste Zeit verbrachte sie in der Universität oder später am Arbeitsplatz.

Das geforderte Arbeitspensum, sowie der streng getaktete Zeitplan des Studiums ließen uns wenig Freizeit. Die Universität verließen wir meist nur zum Schlafen und (manchmal) zum Essen. Es war eine sehr intensive Zeit damals. Am Wochenende versuchten wir durch Kurztrips zumindest etwas mehr von der Stadt beziehungsweise von der Provinz kennenzulernen. Sofern es die studentischen Verpflichtungen und unser Gewissen zuließen.

Ich lebte zentrumsnah und somit auch nahe der Universität in einer Wohngemeinschaft mit Österreichern. Unsere Vermieterin hatte französische Wurzeln. Ihre Bewunderung für Europa war spürbar groß. Auch von uns Europäern war sie sehr angetan. Im ersten Eindruck erschien sie mir herzlich und offen für Menschen und ihre Geschichten. Bald musste ich jedoch feststellen, dass ihr Interesse nicht für jede oder jeden gleichermaßen galt.

Carolina und ich bereiteten uns gemeinsam auf eine bevorstehende Prüfung vor. Der Abend wurde lang und länger, der Lernstoff gefühlt eher mehr als weniger. Den Vorschlag, bei uns in der Wohnung zu übernachten, nahm meine Lernkomplizin dankend an. Mit wenigen Stunden Schlaf machten wir uns früh morgens nach einem schnellen, starken Kaffee auf den Weg zum Bus, der uns direkt zum Unigelände chauffierte. Aus dem Augenwinkel sah ich, dass unsere Vermieterin, die das Erdgeschoss des zweigeschossigen Hauses bewohnte, am Fenster stand. Sie hatte den Vorhang ein wenig zur Seite geschoben, um uns beim Verlassen des Hauses gut sehen zu können. Als ich spät abends mein Zuhause erreichte, kam sie mir im Treppenhaus entgegen. Klar und deutlich gab sie mir mit wenigen, aber unmissverständlichen Worten zu verstehen, dass sie es nicht gut hieß, Menschen *von dort* unter ihrem Dach zu wissen. Außerdem informierte sie mich über ein künftig fällig werdendes Übernachtungsgeld, um zusätzlich anfallende Strom- und Wassergebühren begleichen zu können, sollte ich meine Bekanntschaft erneut hier willkommen heißen.

Inzwischen lebt Carolina in London. Ihr lang gehegter Traum ist Wirklichkeit geworden. Sie hat einen angesehenen Job, verdient gutes Geld und lebt in Europa. Für die Liebe bleibt ihr keine Zeit, zu viel Arbeit. Wenn sie mich und meine Familie besuchen kommt, geht sie voll und ganz in der Rolle der schrulligen Tante aus Amerika auf. Die Urlaubstage, die ihr zugestanden werden, sind an den Fingern ihrer Hände abzählbar. Eine Ehre, dass sie dieses kostbare Gut mit uns teilt.

Der Weg nach Europa war ein steiniger für die Südamerikanerin. Zertifikate, Masterlehrgänge, Jahre hingebungsvoller Arbeit teils ohne oder mit nur minimalem Verdienst. Einige Jahre lebte sie in den USA, um notwendige Referenzen und Abschlüsse zu sammeln. Die Zeit in den Vereinigten Staaten veränderte sie. Noch mehr Lerndruck, Ernsthaftigkeit, Stress. Die teils kindlich anmutende Frohnatur voller Feuer und Leidenschaft, so wie ich sie kennenlernen durfte, zeigt sich nur mehr selten.

Unsere Geschichte, unsere Medizin

Europa verkörpert den Zeitgeist der westlichen Welt. Kolonialisierung, Christianisierung, Unterdrückung, Enteignung, Versklavung, Nationalismus, Antisemitismus, Kapitalismus. Gewalt, viel Gewalt und Elend, schlussendlich nicht nur für Nichteuropäer. Unsere Großeltern lebten im oder nach dem 2. Weltkrieg. Sie litten Hunger, schauten der Zerstörung und dem Tod ins Auge, waren Opfer von Willkür und Herrschaftswahn.

Es gibt weltweit nur wenige Länder, die nicht von Europäern heimgesucht wurden. Die Einverleibung fremden Gutes geschah wie selbstverständlich, die Bekehrung zum eigenen Glauben und zu den eigenen Werten schien ganz natürlich. Das Ideal ersetzt das Minderwertige, das Falsche. Aus meiner Sicht ist Europa – also die westliche Welt – nun federführend dafür verantwortlich, den großen Bewusstseinswandel auf Erden voranzutreiben. Wir Europäer müssen Verantwortung übernehmen für das, was seinen Ursprung in Europa gefunden hat. Kein Leugnen, keine Verharmlosung nimmt uns die Schuld, die wir auf den Schultern tragen. Es geht mir nicht darum, Schuldgefühle zu schüren, die uns zu Opfern der eigenen Geschichte machen. Es geht mir darum, uns unserer Möglichkeit zur Veränderung bewusst zu werden.

Europa steht auch sinnbildlich für den Ost-West-Konflikt. In Deutschland zeigt sich die Trennung der unterschiedlichen Ideologien bis heute im bestehenden Bewusstsein für die ehemalige DDR. Die Ukraine, als größtes Land Europas, erfährt im Frühjahr 2022 Gewalt und Schrecken. Die Fehde zwischen Ost und West entflammt erbarmungslos und macht Menschen, die Frieden wollen, zu Opfern des geschichtsträchtigen Machtkampfes.

Weltweit sind Menschen von unterschiedlichen Herausforderungen und Aufgaben betroffen, je nachdem auf welchen Kontinenten und in welchem Gebiet sie leben. Sobald es uns bewusst wird, dass wir eine Menschheit sind und dass wir alle im selben

Boot sitzen, jedoch unterschiedliche Rollen im Kollektiv übernehmen, stellen wir uns der Verantwortung für das zukünftige Sein auf Erden.

Im ersten Schritt dürfen wir uns wieder dessen bewusst werden, was wir versucht haben zu vernichten. Das alte Wissen über kosmische Gesetzmäßigkeiten, die Rückbesinnung zur (eigenen) Natur, die Welten voller Zauber und Mystik. Indigene Völker haben das ursprüngliche Wissen gehütet und sich die Fähigkeit, nicht Sichtbares zu sehen und zu verstehen, nicht rauben lassen. Sie haben die Verbundenheit mit allem was ist und die Demut gegenüber Mutter Erde von Generation zu Generation weitergegeben. Auch halten sie die Zeremonie lebendig. Die Zeremonie huldigt dem Leben, erinnert den Menschen an das Geschenk des Lebens, gibt Halt, lässt demütig und gleichzeitig stark werden. Zeremonien entstehen aus der Jetzt-Präsenz in tiefer Verbundenheit mit der Ätherebene, mit dem, was nicht offensichtlich ist.

Wir Europäer haben verlernt, das Leben zu zelebrieren. Die Trennung von der Schönheit der Existenz ist uns passiert, als wir uns selbst über das Leben und die Schöpfung gestellt haben. Es war ein indigener Schamane aus Südamerika, der mich an meine ureigene Kraft erinnerte, der mich zurückgeführt hat in das Bewusstsein für die Verbundenheit mit allem was ist. *„Ich komme nach Europa, so wie es vereinbart wurde"*, höre ich ihn heute noch murmeln. Menschen, die von uns Europäern ausgeschlossen wurden, schikaniert und getötet, reichen uns nun ihre Hände zum Zeichen des Friedens. Sie haben uns den Schlüssel für das friedvolle Sein auf Erden überreicht.

Nun liegt ein wichtiger Teil des Schicksals der Menschheit in unseren Händen. Es ist die Aufgabe der Europäerinnen und Europäer, ihr Bewusstsein zu weiten, sowohl das Auge, als auch das Herz zu schulen für das, was wahr ist und das, was unwahr ist. Wir sind diejenigen, die das kollektive Bewusstseinsfeld der Trennung zurück in das Einheitsbewusstsein führen dürfen. So spüre ich es und so wurde es mir erzählt. Ich weiß, dass wir Europäer dazu bereit sind, diese Verantwortung würdevoll zu tragen. Auch weiß ich, dass wir dazu bestimmt sind und darauf vorbereitet wurden. Wir können es und es wird gut ausgehen, wenn wir es wollen.

Der Vatikan, europäischer Staat und Heimat der katholischen Kirche

Ein großes Feld für Aufdeckung und Richtigstellung bringen die Lehren des Christentums mit sich. Ich möchte die bedeutsame Rolle der Kirche in Bezug auf Angstmache, Ohnmacht und Trennung keinesfalls unerwähnt lassen. Dennoch tauche ich bei dieser heiklen Thematik an dieser Stelle nicht in die Tiefe. Inzwischen gibt es mehrere Menschen, die sich der Aufklärungsarbeit in diesem Bereich widmen. *Gott sei Dank.*

Viele kirchliche Feste basieren auf keltischen Festen und Ritualen. Die ursprüngliche Bedeutung wurde verändert, manipuliert und an die Lehren der Kirche angepasst. Kirchen wurden bewusst an Kraftorten errichtet. Die vorhandene Ressource des Ortes wird zur Machtstärkung der Institution genutzt, missbraucht. Aus geomantischer Sicht müssen viele Kirchen als Störfaktoren des natürlichen Landschaftsgefüges erkannt werden.

Bereits als junges Mädchen fühlte ich mich in Kirchen nicht wohl. Manche musste ich auf Grund von Übelkeit und Schwindelgefühl sogar verlassen. Heute kenne ich die Ursache. Manipulation, Unterdrückung und Kleinhaltung der Gläubigen sind in sakralen Gebäuden tief verankert.

Ein großes Thema in Bezug auf die Ermächtigung der Frau ist Maria Magdalena. Es gibt inzwischen immer mehr Menschen, die auf die Degradierung und Beschmutzung ihrer Person durch die Lehren der Kirche aufmerksam machen. Sie war die Wegbegleiterin Jesu, eine starke, sehende und wissende Frau, höchstwahrscheinlich Apostelin. Jesus und Maria Magdalena waren Yin und Yang in Balance. Die Kirche hat sie als Hure abgestempelt und damit, wie sie es bei Eva, der Gefährtin Adams, getan hat, Schuld und Scham über sie gestülpt. Eine ebenbürtige Frau hat bis heute keinen Platz in der katholischen Kirche. Die Hexenverbrennungen haben nach wie vor verheerende Auswirkungen auf die weibliche Kraft. Aus Angst, ausgeliefert zu werden, sterben zu müssen für das, was sie sind, halten nach wie vor viele Frauen ihr inneres Wissen zurück. Sie verbieten sich selbst das Wort, schweigen um des Friedens willen, schweigen, um nicht angeprangert zu werden.

Die Bibel wurde aus dem Aramäischen übersetzt. Ich bin nicht die Einzige mit dem Gefühl, dass Teile der Heiligen Schrift nicht richtig weitergegeben wurden und werden. Teils sind es wahrscheinlich die Übersetzungen, die nicht mit der ursprünglichen Bedeutung übereinstimmen. Vielleicht fehlen Teile, möglicherweise wurden Wörter oder gar Absätze ergänzt. In Ägypten wurde um 1945 das Thomasevangelium gefunden, das 5. Evangelium, das im Inhalt auffallend von den Evangelien des Neuen Testamentes abweicht.

Aus meiner Sicht braucht es neben dem Bemühen, Maria Magdalena ins wahre Licht zu rücken, auch dringend Aufmerksamkeit für Judas und seine Rolle an der Seite Jesu Christi.

Seit meinem 12. Lebensjahr fühle ich sowohl mit Jesus Christus, als auch mit Judas Iskariot eine tiefe Verbindung. Mein Dank und meine Bewunderung gelten Andrew Lloyd Webber und Tim Rice. Mit ihrem Meisterwerk, der Rockoper *Jesus Christ Superstar*, haben sie mir bereits in jungen Jahren eine Pforte geöffnet. Bis zum heutigen Tag schenkt mir die Verbundenheit mit Jesus und Judas immer wieder bedeutende Erkenntnisse. Das von der Kirche übermittelte Bild von Judas als Verräter und somit als Täter, bekräftigt das Weltbild von Himmel und Hölle, von Gut und Böse. Es schürt die Trennung, die Unterscheidung. Ich bin der festen Überzeugung, dass Jesus und Judas gemeinsam das Schicksal gesponnen haben. Ohne die Rolle des Judas hätte Jesus seine Geschichte nicht schreiben können. Ohne Judas würde eine der wichtigsten Lektionen des Erfahrungsweges Jesu fehlen. Jener Teil, von dem wir uns bis heute unermüdlich erzählen, der zu einem Großteil die Person Jesus ausmacht. **Immer wieder stellt sich die Frage: Wer ist Täter und wer ist Opfer?**

Der Täter ist auch Opfer, so wie das Opfer auch Täter ist. Im Beispiel aus der Bibel könnte man sagen, dass Jesus auch Täter war. Er wusste, sein Weg war vorbestimmt und er benutzte Menschen in seinem Umfeld dafür, um den göttlichen Plan zu erfüllen. Judas war somit eines seiner Opfer. Es brauchte den Verräter. Im Garten Getsemani wurde Jesus den Römern durch den Kuss des Judas ausgeliefert. Die Geschichte konnte ihren Lauf nehmen.

Jeder Mensch, der sich selbst zum Opfer macht, ist der Täter, der sich in die eigene Ohnmacht drängt. Jeder Mensch, der sich als Täter sieht, ist gleichzeitig Opfer, da er sich der zugeschriebenen Rolle ergibt.

Der zweigeteilte Kontinent

Die Mauer zwischen Ost- und Westeuropa fiel 1989, der Eiserne Vorhang war damit theoretisch Geschichte. Die Trennung des Kontinents ist jedoch bis heute sichtbar und vor allem spürbar. Die Geschichte der Zweiteilung wird besonders in den Köpfen von uns Europäern seit über 30 Jahren lebendig gehalten. Das gewaltvolle Ringen um die Ukraine im Frühjahr 2022 steht stellvertretend für die Kollision zweier Welten, die offensichtlich nicht korrespondieren, jedoch auch nicht parallel in Frieden nebeneinander existieren können. Wo sind die inneren Grenzen der Machthaber, wenn eine Einmischung stattfindet? Wo befinden sich die korrekten geopolitischen Grenzen, die allen eine passende Heimat geben können?

Ich bin weder direkt von der Thematik betroffen, noch kann ich mich als Expertin der Ost-West-Thematik bezeichnen. In meiner Arbeit mit Menschen und auch Orten kommt die Problematik jedoch regelmäßig ans Licht. Für mich zeigt die Wiederholung die Bedeutsamkeit darin auf.

Es gibt noch rege Erinnerungen an die Erzählungen meiner Großmutter über ihre Halbschwester im damaligen Osten Deutschlands. Der Umstand, dass es ihr nicht möglich war, uns zu besuchen, irritierte mich und beschäftigte mich nachhaltig. Mein kindliches Gemüt konnte es nicht in den Kopf bekommen, wie denn so etwas möglich sei. Eine Mauer, die Menschen einsperrt! Unfassbar.

Heute bin ich mit einem geborenen Karl-Marx-Städter (das heutige Chemnitz) verheiratet. In gewisser Weise bin ich demnach doch mit der Thematik Ost West in Berührung. Alleine der Umstand, dass auf die Frage der Herkunft meines Mannes als Antwort *„Deutschland"* nicht ausreicht und meistens die zusätzliche Information, ob Westen oder Osten eingefordert wird, darf nachdenklich stimmen.

Über die Jahre musste ich immer deutlicher und resignierend feststellen, dass gefühlt Welten zwischen uns, also zwischen Ost- und Westeuropäern liegen. Werte, Ansichten und auch das alltägliche Tun sind unendlich weit voneinander entfernt. Andersartigkeit sollte dabei nicht das Problem sein. Das, was mich traurig stimmt, ist die ständige Präsenz der Unterschiedlichkeit, die dazu verführt, das Seine als richtig zu erachten und es zu verteidigen. Selbst im familiären Rahmen gelingt es kaum, sich anzunähern, den alternativen Weg zu akzeptieren und vor allem zu respektieren.

Warum stellt sich nach wie vor die Frage, wer Schuld trägt und wer nicht, wer Täter und wer Opfer ist? Ich weiß außerdem nicht, welche der beiden Rollen die Bessere ist.

Das Dilemma Europas: Die Verleugnung der Wurzeln

Meine kroatischen Wurzeln väterlicherseits fühlten sich bereits als Kind für mich interessant, fast mystisch und ein wenig abenteuerlich an. Es bereitete mir große Freude, mir meine Ahninnen und Ahnen als buntes, lebensfrohes Wandervolk vorzustellen. Bis heute bleibt das Gefühl, dass mein kroatischer Anteil für mich von großer Bedeutung ist. Es gibt mir Kraft, mich in der slawischen Kultur verwurzelt zu wissen. In meinem Herzen fühle ich diese tiefe Verbundenheit, sowohl zu slawischen Sprachen als auch zur Volkskultur meiner Vorfahren.

Quantitativ betrachtet, machen die Slawen den Großteil aller Europäer aus. Bedingt durch die Trennung in Ost- beziehungsweise Südost- und Westeuropa, die sich unter anderem auch in der Unterscheidung zwischen Arm und Reich ausdrückt, hat sich die Abgrenzung mit dem Bild von *fortschrittlich* versus *entwicklungsbedürftig* tief in unsere Zellen eingebrannt. Der wirtschaftliche und politische Zusammenschluss von europäischen Staaten in der EU war und ist ein wichtiger Schritt zur Wiedervereinigung Europas auf allen Ebenen. Mit der 2004 stattgefundenen Osterweiterung der EU konnte diese deutlich vorangetrieben werden. Die Schaffung eines vereinten Kontinents wird uns jedoch höchstwahrscheinlich noch einige Zeit begleiten.

Adler und Kondor

Eine Legende, die die nativen Stämme Amerikas über Generationen weitererzählt haben, ist die vom Adler und dem Kondor. Die Prophezeiung darin besagt, dass Frieden auf Erden sein wird, wenn Adler und Kondor gemeinsam fliegen. Die Menschheit befindet sich nun in der Zeit, in der sich beide Vögel wieder begegnen und gemeinsam am Himmel kreisen, zum Wohle allen Seins.

Der Adler vertritt die westliche Welt, das männliche Prinzip.
Der Intellekt, der im Vordergrund steht. Wissenschaft und Technik
fördern das lineare Denken. Der Fortschritt als einziges Ziel.

Der Kondor steht für die nativen Völker,
die das weibliche Prinzip repräsentieren.
Intuitiv, (be-)hütend, liebend, verbunden
mit den natürlichen Zyklen des Seins.
In der Angebundenheit zu Welten,
die für das Auge nicht sichtbar sind
und mit dem Verstand nicht begriffen werden können.

Der Moment der Balance auf Erden wird wieder hergestellt sein,
wenn der Kondor seinen Kreis der weiblichen Göttlichkeit auf Erden dreht,
immer wieder schließt und stärkt in allen Frauen und Männern auf Erden.

Der Moment der Gerechtigkeit auf Erden wird wieder hergestellt sein,
wenn der Adler seinen Kreis der männlichen Göttlichkeit auf Erden dreht,
immer wieder schließt und stärkt in allen Männern und Frauen auf Erden.

Spuren

Ob du es bewusst machst,
oder unbewusst,
du hinterlässt Spuren.

Es ist nicht von Bedeutung,
ob dein Weg ein gerader,
ein sprunghafter
oder ein weitverzweigter ist.
Auch Umwege können ihren Reiz haben,
die Perspektive weiten und bereichern.

Was am Ende zählt ist, dass du
dein Leben in Demut beschritten hast,
dass du nichts bereut hast und
im Herzen spürst:

Es war mein Weg und
ich hinterlasse Spuren
für die Ewigkeit.

4. WAHRHAFTIGKEIT

BEWUSSTES SEIN

ANGST ODER LIEBE: EINE MUTIGE ENTSCHEIDUNG

Kennst du das Gefühl der Ohnmacht, wenn es draußen zwischenmenschlich rau wird? Manchmal vermisse ich die Geste der Verbundenheit über einen Blickwechsel, einfach so, von Frau zu Mann, von Frau zu Frau, von Mensch zu Mensch. Dann werde ich wütend, weil ich mich isoliert fühle, so, als würde ich in einer anderen Welt leben. Es fühlt sich unmöglich an, die anderen zu verstehen, oder gar berühren zu können. Die hochsteigende Wut richtet sich gegen meine Mitmenschen, weil sie mir fremd sind. Mir fehlen die Empathie und das Herz von Seite des Gegenübers. Gleichzeitig bin ich zornig auf mich selbst, weil es mir unmöglich erscheint, ihnen Mitgefühl und ein offenes Herz entgegenzubringen.

Manchmal richte ich die Wut auch gegen mich selbst, weil es mir in gewissen Situationen schwerfällt, zu mir zu stehen. Obwohl mir die Worte auf der Zunge liegen, schweige ich. Trotz des Impulses, dieses oder jenes zu tun oder nicht zu tun, höre ich nicht auf meine Intuition und mache das Gegenteil. Was bleibt, ist das Gefühl der Ohnmacht, begleitet von Wut und Urteil mir selbst gegenüber. Dazu gesellt sich meist eine Betroffenheit, eine Traurigkeit, die mich tief im Inneren berührt. Wieder einmal habe ich mich und meine Wahrheit zurückgenommen.

Es gibt für mich nur eine Möglichkeit, diese Abwärtsspirale zu durchbrechen und die heißt: mutig sein. In Momenten der Resignation passiert eine Abspaltung. Wütend wende ich mich vom Leben ab, mit Groll distanziere ich mich von meinen Mitmenschen oder richte den Zorn gegen mich selbst. Ich mache mich zum Opfer, bedaure mich für das, was mir zustößt und entmächtige mich im selben Atemzug. Sich ein Herz zu fassen und mit Mut zurück in die Verbindung zu gehen, aktiviert das Urvertrauen und das Gefühl für die Verbundenheit. Das Horrorszenario, das sich ausschließlich in meinem Kopf abspielt, verschwindet schlagartig. Die Überwindung lohnt sich.
Mut wendet das Schicksal, immer.
Das Rad des Schicksals liegt wieder in meinen Händen.

Was würde die Liebe tun?

In meinem Kern angekommen bin ich autark, unverwundbar, frei. Nichts und niemand kann mich beeinträchtigen, mich stören oder gar zerstören. Wahrhaftig zu sein bedeutet, lebendig zu sein, liebevoll sich selbst und der Welt gegenüber. Ich liebe es, wenn die Schöpfungskraft in mir pulsiert und durch mich wirkt. Dann bin ich die Heldin meiner Lebensgeschichte. In der Überwindung der Rollen, aller Klischees, die ich mir selbst auferlegt habe, bin ich frei. **In der Erlösung aus dem Drama im Hier und Jetzt übernimmt die Liebe die Führung und Wunder werden Wirklichkeit.**

In Europa, wie in allen Nationen der westlichen Welt, ist es vorwiegend die Gewalt der Medien, die die Rollenbilder von Frau und Mann, von gut und böse, von richtig und falsch lebendig hält. Manipulative Worte und Bilder prägen den Alltag. Sie schüren unentwegt den Gedanken der Trennung.

Die Gesellschaft trennt sich, die Geister scheiden sich bei Themen, die diese außergewöhnliche Zeit auf Erden mit sich bringt. Zeit, der Polarität den Rücken zu kehren, sie als Illusion und Weg der Erkenntnis zu sehen und auch zu würdigen. Nun darf sie überwunden werden.
Es ist der Moment gekommen, der uns in den natürlichen Fluss allen Seins zurückführt. Wir Menschen sind dazu aufgerufen, wahrhaftig zu sein. Höchste Zeit, Wut in Mut zu verwandeln, die Angst durch Liebe zu ersetzen. Lasst uns zur verändernden Kraft werden, die ein friedvolles Miteinander bewirkt.

Nun gilt es, in die Stille zu gehen, dem Lärm im Außen keinen Raum mehr zu geben. Der Raum des Friedens und der Glückseligkeit gebiert sich aus dem Inneren.

Wie das Auge des Tornados das Zentrum der unbändigen Kraft ist, ist es die innere Mitte, die ganz werden lässt. Es geht darum, die eigene Wahrheit im Herzen zu spüren und diese zu verkörpern. Auf diese Weise kann das menschliche Sein in das Einssein zurückgeführt werden. Jeder Gedankenblitz, jede Erkenntnis, jede Selbstreflexion und jedes Bemühen, die Essenz des Ursprungs zu stärken, sind bedeutend, essentiell verantwortlich für die Zukunft auf Erden.

Wut und Mut – Demut und Hochmut

Die Wut dient uns als Gradmesser. Sie zeigt uns auf, wie tief wir uns der Dualität ergeben haben. Sie bringt den Fokus auf das Gefühl des Ausgeliefertseins, um dieses im nächsten Atemzug zu überwinden. Wir sind dazu aufgerufen, mit unseren Gedanken und Taten in die Verbindung zu gehen. Es braucht Mut, denn die Entscheidung für die Verbundenheit ist die Entscheidung gegen die Trennung. Trennung ist omnipräsent, das momentane menschliche Sein basiert auf der Idee der Trennung. In der Trennung herrscht die Angst. Angst, nicht gut genug zu sein, Angst, nicht geliebt zu sein, Angst, keine Kontrolle zu haben, Angst, alleine zu sein, Angst, auf der Strecke zu bleiben, Angst, nicht zu genügen und, und, und. Die Liste der unterschiedlichen Angstzustände kann unendlich fortgesetzt werden.

Im Alltag ist es kaum möglich, der Spaltung zu entkommen. Das kollektive Bewusstsein hält sich mit ihr lebendig. Sie darf jedoch nicht länger genährt werden. Die Spaltung in unserem Inneren erfordert Aufmerksamkeit. Der bewusste Umgang mit den Polen lädt uns dazu ein, zu heilen und wieder in das Einheitsbewusstsein zurückzukehren. Yin und Yang in Balance – Frau und Mann, Schwester und Bruder im immerwährenden Tanz der Qualitäten. Ohne Konkurrenz, sondern sich gegenseitig befruchtend und erhebend, gemeinsam wachsend. Die Wiederherstellung der Verbindung führt zurück in die Verschmelzung mit der Essenz. Sie setzt eine wichtige Entscheidung voraus – die Entscheidung für die Wahrhaftigkeit, für die Liebe und die Weisheit des Herzens.

Mut ist die treibende Kraft in die Neue Zeit, begleitet von De-Mut. **Demut ist die Grundhaltung sich selbst und dem Leben gegenüber.** Demut lässt klein werden, staunend, jedoch nicht unterwürfig, sondern voller Würde. Demut lässt mutig die eigene Göttlichkeit annehmen und leben. Nicht jedoch aus der Warte der Erhöhung und somit Abspaltung.

Demut macht zum Gefäß.
Es gibt keine Trennung von der Schöpfungskraft,
sondern eine Verschmelzung in der Hingabe.

In der Göttlichkeit wird erkannt:

Jedes Tier, jede Pflanze, jeder Stein, alles hat seine Bedeutsamkeit,
so wie auch ich sie habe. Gemeinsam sind wir die Fragmente
des großen Ganzen. Alle an ihrem Platz und in ihrer Bestimmung,
gleichwertig und miteinander verbunden.

Der Demut gegenüber steht der Hochmut. Hochmut generiert Trennung. Hochmut hat die Menschheit an den Punkt geführt, an dem sie heute steht. Das Kind des Hochmuts ist die Dualität. Erhöhung, Polarisierung, Unterscheidung und Bewertung führten aus der Einheit. Es ist hochmütig, sich über die Schöpfungskraft zu stellen.

Die eigene Göttlichkeit abzulehnen, ist ebenfalls hochmütig. Sein Licht scheinen zu lassen, seinem ureigenen Weg zu folgen und die Bestimmung der Seele zu leben ist Hingabe in Demut. Es gibt zwei Fragen, die wir uns immer wieder selbst beantworten dürfen:

1. Wo trenne ich mich von der Schöpfung ab,
   wo darf ich wieder in Verbindung gehen?

2. Wo gilt es mit Bestimmtheit Grenzen zu setzen,
   um mich aus Selbstliebe und Demut gegenüber
   der göttlichen Kraft entfalten zu können?

ZURÜCK ZUM URSPRUNG: DER WEIBLICHE WEG

Frieden auf Erden geschieht im Inneren, entwickelt sich wie selbstverständlich aus der Ebenbürtigkeit von weiblichen und männlichen Qualitäten. Die Geschichte kreiert(e) Ungleichgewicht. Die treibende Kraft des Patriarchats hat vermeintlich für das Männliche gewirkt. Männer, die tief im Herzen angebunden sind, spüren nun den Schmerz der Abspaltung durch die Minderung des Weiblichen. Das Weibliche ist gleichermaßen Teil ihres Seins, wie es das Männliche ist.

Die Trennung schmerzt, hinterlässt Traurigkeit und bringt das Fehlen des Sinnes hervor. Welchen Sinn hat mein Sein? Wofür haben die Frauen und Männer, die vor uns waren, gekämpft, vielleicht sogar ihr Leben geopfert? Was ist das Erbe, das wir unseren Kindern, Enkeln und Urenkeln hinterlassen? Wofür stehe ich? Wofür habe ich gekämpft? Habe ich die Waffen am Ende gegen mich selbst erhoben?

Furie versus Drückeberger

Weiblich und männlich haben sich gegenseitig viel Leid zugefügt. Zeit, nun gemeinsam ein neues Wir, ein Miteinander in Balance zu kreieren. Viel, zu viel, wurde uns in die Wiege gelegt, erzählt und als wahr vermittelt. Das Kind darf nicht schreien, der Wille des Kindes muss gebrochen werden. Das Mädchen muss artig sein, der Mann ist die Krone der Schöpfung, wird ins Rampenlicht gestellt, ver-herr-licht.

Der Mann muss von Geburt an performen, der Verherrlichung des Männlichen Genüge tun. Die Erwartungen an den Jungen sind hoch. Aus der Überforderung und der Überlastung heraus entwickelt er sich zum Tyrannen. Dem Tyrannen wurde sein kindliches Sein, seine Verbindung zum Herzen, seine Sanftmut geraubt. Der Tyrann bringt Dominanz und Überheblichkeit gegenüber dem Weiblichen zum Ausdruck. Darauf wurde er von Kindesbeinen an vorbereitet, so wurde es ihm vorgemacht.

Der Mann, dem es zwar gelingt, den Tyrannen zu überwinden, der jedoch nicht wagt zum König zu werden, wird zum Drückeberger. Er tritt aus dem Rampenlicht, ergibt sich und wiegt sich in der Passivität, wird zum Opfer der eigenen Entmachtung. Ihm fehlt der Mut, sich mit Bestimmtheit und Kraft an die Seite seiner Königin zu stellen und mit ihr in die Co-Kreation zu gehen.

Die Frau wird zur Furie, da sie nicht gesehen wird. Sie muss sich behaupten, um Anerkennung buhlen. Mit Kampfgeist stellt sie sich gegen die Unterdrückung. Sie fordert Gerechtigkeit, den Ausgleich über die Umkehrung des Systems.

Das Matriarchat ist nicht das Gegenteil des Patriarchats. Es bedeutet nicht die Erhebung des Weiblichen über das Männliche. Im Matriarchat geschieht die Begegnung der Geschlechter auf Augenhöhe, die Verbundenheit auf Herzensebene.

Tauchen wir ein in die Welt, die uns unsere Eltern und Großeltern vermittelt und vorgelebt haben. Lasst uns erkennen, dass sie Illusion ist. Hierarchien zwischen Mann und Frau, Mädchen und Junge, Erwachsenem und Kind haben uns in die schmerzhafte Erfahrung der Spaltung getrieben, die wir nun überwinden dürfen. Es geht nicht darum, das Opfer in uns zu nähren und in die Defensive zu gehen. Es geht darum, wahrhaftig und kraftvoll zu sein, frei von Klischees und Erwartungen. Mit einem bewussten Sein heilen wir persönliche und kollektive Schatten, bringen wir Frieden in die Reihen der Ahninnen und Ahnen. **Wir säen den Einklang auf Erden.**

Lasst uns im Herzen beginnen, in der bewussten und ehrlichen Begegnung mit uns selbst. Achten wir unser Sein? Stehen wir in Verbindung mit unserem Wesenskern? Sind wir gut zu uns selbst, (wert-)schätzen wir das Wunder unserer Existenz, unseren Körper aus Fleisch und Blut, unser pulsierendes Herz, das uns am Leben hält, uns unermüdlich durchflutet mit Lebenskraft und Liebe? Liebe und Wertschätzung uns selbst gegenüber bedeutet Liebe und Wertschätzung gegenüber der Schöpfung.

Stehen wir in Verbindung mit unserer Intuition, unserem inneren Wissen – jenem Wissen, das uns Urvertrauen und Balance auf allen Ebenen schenkt?

Ehren wir das Wunder in uns, das Wunder in allem Lebendigen? Erkennen wir es überhaupt, das Wunder der Existenz, das Zusammenspiel von Yin und Yang, dem Einklang von Körper, Geist und Seele? Sind wir verbunden mit all unseren Aspekten, geben wir jedem Aspekt gleichermaßen Raum und Wertschätzung?

In der Begegnung von Frau und Mann auf Augenhöhe wird die Ebenbürtigkeit der Geschlechter wieder hergestellt. **Die Frau erkennt sich im Mann, der Mann erkennt sich in der Frau. Der Tanz der Vollkommenheit kann beginnen.**

Im momentan vorherrschenden Miteinander von Frau und Mann gibt es Vorbehalte und Vorurteile. Frauen sind von klein auf vom Gefühl der Minderwertigkeit geprägt. Die Emanzipation hat im Laufe der Menschheitsgeschichte Frauen gestärkt, in manchen Bereichen Gleichberechtigung hergestellt. Dennoch, die Degradierung der Weiblichkeit ist tief in den Zellen der Menschen verankert.

Ein Trugschluss der Emanzipation ist die Idee der Frau, die Erlösung in der Umkehrung zu erfahren. Der Ansatz, sich gegenüber dem anderen Geschlecht behaupten zu müssen hat uns in ein Dilemma geführt. In vielen modernen Partnerschaften gab es lediglich den Tausch der Führungsposition. Der Patriarch wurde von der Frau im Haus abgelöst. Die Frau hat das Sagen im Haus, der Mann nimmt hin und lässt über sich ergehen. Furie und Drückeberger begegnen sich, bekämpfen sich, leiden unter den Rollen, die sie, vielleicht unbewusst, eingenommen haben.

Yin und Yang in Balance

Der weibliche Weg strebt nicht das System der Hierarchie an, so wie wir es kennen. Es geht nicht darum, sich aus einer machtvollen Position heraus persönliche Vorteile zu verschaffen. Vielmehr strebt die weibliche Kraft ein System der Balance und Gleichberechtigung an. Anstelle der Uniformierung tritt der Individualismus, der als Bereicherung empfunden und gefördert wird. Der Wunsch nach Kontrolle und Vorhersehbarkeit wird abgelöst vom inneren Wissen, dass alles seine Zeit, alles seinen Platz und alles seine Bedeutsamkeit hat. Hingabe, im Fluss des Lebens sein.

Yin steht für das Weibliche. Es beruht auf dem zyklischen Prinzip des Kreises, es ist der Kreis, die Entwicklung und der Fortschritt in einer spiralförmigen Bewegung. Empfangen, Innenschau und Urvertrauen sind zutiefst weibliche Qualitäten. Das Leben durch sich fließen lassen, sein, passieren lassen, alles pures Yin. So auch das offene Herz, die Bedingungslosigkeit, die Intuition und das innere Wissen.
Die Liebe ersetzt die Angst.

Eine Frau in der Angst könnte nicht empfangen.
Eine Frau in der Angst wäre nicht fähig, Leben zu gebären.

Yang steht für das Männliche. Die männliche Kraft ist der Motor der Manifestation und des Fortschritts. Yang bedeutet Bewegung, Aktion, Klarheit und Begeisterung. Im westlichen Bild hat sich der Drang nach Fortschritt im linearen Denken des stetigen Wachstums manifestiert. Schneller, höher, besser. Stets die Superlative im Fokus.

Yin und Yang sind Teil jedes Menschen, unabhängig davon, ob Frau oder Mann. Die Farben des Regenbogens spannen sich von warmen Tönen, die dem männlichen Prinzip zugeordnet sind (rot, orange) über den neutralen Bereich von gelb, bis hin zu blau und violett, repräsentative Farben des zutiefst Weiblichen. Der Regenbogen steht für Vollkommenheit und Einklang. Sonne und Regen gemeinsam machen die Entstehung des Regenbogens möglich. Jede und jeder Einzelne ist dazu aufgerufen, alle Farben des Regenbogens der Individualität zum Erstrahlen zu bringen. Der harmonische Gleichklang aller Qualitäten führt von der Trennung in die Einheit.

MUT ALS TREIBENDE KRAFT DER VERÄNDERUNG

Während ich dieses Buch schreibe, immer tiefer in die Themen der einzelnen Kapitel eintauche, empfange ich. Mein Prozess als Autorin ist einer des Empfangens, wie es einer des Gebens ist. Ich schöpfe aus der Fülle meines Seins. Das Leben hat mich vieles gelehrt, ich bin mutig und agiere, erzähle aus meinem Leben und teile meine Erkenntnisse. Ich habe empfangen, integriert, um mit dem nächsten Atemzug zu geben. Aktion, folgend auf Reaktion und gefolgt von Aktion.

Das ist es, was ich unter *mit dem Fluss gehen* verstehe: Zeichen folgen und sich öffnen, für das was sein will und damit in die Schlüssigkeit, *das Rund-Sein* gehen.

Mut ist die Energie, die mich Ängste überwinden ließ und mich aus der vermeintlichen Komfortzone holte. Mich zu zeigen, nach außen zu gehen, die eigene Wahrheit zu sprechen, für mich einzustehen und gleichzeitig die Kontrolle und auch die Erwartungshaltung beiseitezustellen erfordert Mut, viel Mut.

Vor Kurzem ließ mich mein Leben über das Bewusstseinsmodell von David R. Hawkins stolpern. Hawkins (geb. 1927, gest. 2012) war ein US-amerikanischer Psychiater und spiritueller Lehrer. Er entwickelte die „Skala des Bewusstseins". Dort listet er Bewusstseinsebenen mit der damit verbundenen Emotion auf. Er beginnt mit vom Leben abgewandten Qualitäten und mündet in lebensbejahenden Zuständen. Ich werde nicht im Detail auf die Skala eingehen. Das für mich Essenzielle möchte ich jedoch an dieser Stelle hervorheben. Im Feld der Lebensverneinung herrschen unter anderem Schuld, Scham, Apathie und Angst. Über die Wut gelangt man in der Entwicklung zum Mut. Dem Mut misst Hawkins eine besondere Bedeutung bei. Mut bewirkt die Umkehrung. Die Bejahung des Lebens bewirkt die Veränderung, die Wende in das Licht. So würde ich es gerne bezeichnen, ohne zu bewerten oder gar zu degradieren. Jedes Puzzleteil, jeder Schritt ist von Bedeutung. Ohne den einen Schritt als Basis kann der nächste Schritt nicht gegangen werden. **Die Wende führt in die Annahme, die Liebe, die Freude und den Frieden. Glückseligkeit auf Erden.**

Nun ist es der Mut von Menschen, der uns in die Veränderung, in die Entwicklung, führt. Der Weg aus dem Mittelalter in die Renaissance wurde von mutigen Frauen und Männern initiiert und geebnet. Das Mittelalter wird als dunkles Zeitalter bezeichnet. Renaissance bedeutet wörtlich übersetzt Wiedergeburt. Von der Dunkelheit in das Licht. Eine neue Ära in der Menschheitsgeschichte, geboren durch die Kraft der Veränderung. Im Inneren nachgespürt, bewusst die eigene Wahrheit verkörpert, mit Mut. Aus der Ohnmacht in die Ermächtigung. Die Allmacht der Kirche, die Überordnung des Adels stürzend. Die Gründung von Nationalstaaten, die Eroberung der Welt, das Weiten des Blickes, Wendepunkt in ein neues Zeitalter.

Die Bewegung des Umsturzes geschah im Inneren. Mystiker, Gelehrte, Philosophen, Künstler und Erfinder waren es, die die Menschheit im Kollektiv in die Veränderung getragen haben. Gehalten von der Inspiration, der Anbindung an die Essenz, dem *Ja* zum Leben und dem Drang nach Freiheit, sowie Gerechtigkeit. Entzündet von der Wut über Unterdrückung und Disbalance auf allen Ebenen haben sie sich vernetzt und anfangs im Verborgenen den Geburtsprozess in das Licht initiiert und mitgetragen. Bis die Visionen und die Bewegungen des freien Geistes die Grundfeste des Mittelalters nachhaltig erschütterten und zum Einsturz brachten.

Nun steht die Menschheit an derselben Schwelle. Von der Dunkelheit ins Licht, von der Angst in die Liebe, von der Trennung in die Einheit.

Es sind erneut die alten Seelen, die Künstler, Denker und Mystiker, die immer mutiger und bestimmter ihre Plätze einnehmen und in die Verantwortung gehen. Sie machen ihre Schritte, wahrhaftig und kraftvoll. Sie stellen sich gegen die Werte und Ansichten des Kollektivs. In ihren Werken manifestiert sich die Kraft der Schöpfung. Sie schlagen die Brücke zwischen Ratio und Spirit.

Jede und jeder Einzelne von uns hat die Möglichkeit, einen Beitrag zu leisten. Wir dürfen das Rad des Schicksals mitdrehen, es nicht den anderen überlassen. Auch wir dürfen die Brücke zwischen unserem Intellekt und der Spiritualität schlagen. Ganz bodenständig und ohne Angst, in eine zweifelhafte Welt der Esoterik abzudriften, die nach mancher Ansicht von Spinnern, Blendern und geschickten Geschäftsleuten durchdrungen ist.

Der Fokus liegt im Einssein. Für die Veränderung.
Für den Frieden. Tag für Tag.

See beyond – Speak your truth – Act with love

Was bedeuten bewusstes Sein und Wahrhaftigkeit?

Für mich bedeutet das bewusste Sein wach zu sein, präsent zu sein, aus dem jetzigen Moment heraus zu agieren, in Verbundenheit mit der eigenen Herzensweisheit.

Für mich bedeutet bewusst zu sein auch mutig zu sein, anders zu sein, kritisch, vor allem auch selbstkritisch zu sein und dennoch in einer Haltung der Lebensbejahung und in der Selbstliebe zu stehen.

Das *Ja* zum Leben, die bewusste Entscheidung für das menschliche Sein, die Umarmung der (eigenen) Menschlichkeit in allen Facetten. Mit einem Augenzwinkern für die Fehlbarkeit, die doch nur im dualistischen Prinzip existent ist.

Wahrhaftigkeit fühlt sich für mich wie die logische Folge des bewussten Seins an. Ich bin verbunden mit meinem Wesenskern, verschmolzen mit meiner Essenz und gehe in die Verantwortung pur zu sein und nackt, werde stark in meiner Verletzlichkeit.

In einer von Trennung und Angst geprägten Welt braucht es Mut, sich wahrhaftig zu zeigen. Wahrhaftigkeit ist nicht immer gemütlich, nicht immer passend für das Gegenüber. Somit geht man das Risiko ein, anzuecken oder gar verstoßen zu werden. Mit einer wahrhaftigen Präsenz rüttelt man wach, lädt zum Überdenken ein. Man wird zur Inspiration oder zum Feind, der die bisherige Wahrheit ins Wanken bringt, oder indirekt auf unliebsame Schattenaspekte aufmerksam macht.

In der Fülle an Informationen, der wir Menschen heute ausgeliefert sind, ist es nicht immer einfach, zu spüren, was wahr ist. Wenn wir in die eigene Wahrhaftigkeit gehen, fällt die Notwendigkeit, die Wahrheit im Außen zu finden, weg. Wir sind unabhängig, frei. In der Arbeit mit Menschen wurde mir eine Geste geschenkt. Ich durfte sie inzwischen vielen Menschen mit auf den Weg geben. Ich selbst nutze sie an Tagen, an denen ich mich im Außen verliere.

Geste der Wahrhaftigkeit

An drei Punkten, auch Chakren genannt, aktivieren wir in unserem Energiesystem bestimmte Qualitäten, die uns dabei unterstützen, uns mit der eigenen Essenz (wieder) zu verbinden.

Es ist ein in die Erinnerung gehen. *Wir Menschen haben vergessen, dass wir göttlich sind. Wir sind Licht, Botschafter der Liebe auf Erden.*

Die Geste beginnt mit der Berührung der Stirn (Stirnchakra, 3. Auge) mit dem Zeige- und Mittelfinger mit den Worten:

See beyond – Sieh hindurch

Im zweiten Schritt führen wir die Finger zum Kehlkopf (Kehlchakra) begleitet von den Worten:

Speak your truth – Sprich deine Wahrheit

Der dritte und letzte Punkt verbindet uns mit dem Herzen.
Wir berühren unser Herz (Herzchakra) und sprechen folgende Worte:

Act with love – Handle mit Liebe

In gewisser Weise nehme ich diese Geste als Rückführung des christlichen Kreuzzeichens in die ursprüngliche Bedeutung wahr. So wie das Kreuzzeichen heute verwendet wird, initiiert es die Kleinhaltung, die Abtrennung von der eigenen Göttlichkeit. Sowohl die Herzensweisheit, als auch die Gabe des Sehens, mit dem 3. Auge sehend, wird beim gläubigen Menschen unterbunden. Es wird die Entkoppelung von der Schöpfungskraft bewirkt. Diese Trennung macht schwach. Sie schürt den Glauben, die Erlösung im Außen suchen zu müssen. Manipulation und Illusion regeln unsere Wirklichkeit und führen uns in das Gefühl der Ohnmacht. Wir halten unsere innere Wahrheit zurück, sind nicht wahrhaftig. Wir sind hörig und hoffen auf Gnade der Instanz, die über uns steht. Die Geste der Wahrhaftigkeit unterstützt dabei, sich stark, autark und unabhängig zu fühlen.

13 IMPULSE IN DEIN BEWUSSTES SEIN

Als Abschluss dieses Kapitels möchte ich dir noch ein paar Impulse mit auf den Weg in dein bewusstes Sein geben. Wahrhaftigkeit entspringt dem bewussten Sein.

1. Sei präsent, lebe in der Gegenwart.
   In der Gegenwart findet alles statt, immer.

2. Hör auf dein Herz und folge seinem Ruf.

3. Brenne für dein menschliches Sein und dein Leben.
   Ehre das Sein all deiner Mitmenschen.

4. Sei offen und bereit für das Wunder.
   Lebe für deine Visionen und Träume.

5. Sei hingebungsvoll, verschenke dich und deine Gaben
mit jeder Faser deines Seins.

6. Schöpfe aus der Fülle, die Existenz ist unermessliche Fülle.

7. Fühle deine innere Wahrheit, agiere aus ihr,
werde zu deiner inneren Wahrheit.

8. Akzeptiere und respektiere deine Wahrheit,
wie die Wahrheit deines Gegenübers.
Es gibt viele Wahrheiten.
Alles ist von Bedeutung, alles ist wahr.

9. Befreie dich aus dem kollektiven Drama.
Lass Rollenbilder, Klischees und Bewertungen los.
Sei gut zu dir selbst und deinen Mitmenschen.

10. Ehre deine Wurzeln, die Ahninnen und Ahnen,
die dir den Weg geebnet haben und dir das Leben schenkten.

11. Nimm deinen Platz ein und zeig dich!
Feier deine Einzigartigkeit, die Welt braucht sie und dich!

12. Sei ehrlich mit dir selbst. Vergib dir und deinen Mitmenschen.
Vergebung ist Heilung.

13. Verbinde dich mit der Heilerin/dem Heiler in deinem Inneren.
Alles ist da. Der natürliche Fluss des Lebens führt in die Ganzheit,
das Heilsein.

TEIL III
URKRAFT

lässt uns in den zyklischen Entwicklungsprozess
der Existenz eintauchen und schenkt uns
ein Bewusstsein fern von *schneller, besser, weiter.*

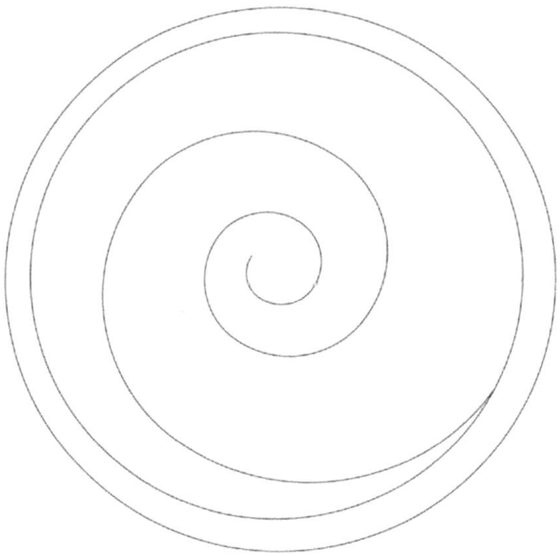

Im Fluss sein bedeutet für mich mit dem Leben gehen,
verbunden mit der eigenen Intuition und dem Herzen.
Dafür braucht es eine klare Entscheidung.
Das Ja *zum Leben, das* Ja *zur eigenen Urkraft.*

Es ist ein Risiko, das dafür in Kauf genommen werden muss –
das Verlassen der gewohnten, vermeintlichen Komfortzone hin ins Unbekannte.

Es ist eine Erfahrung, die dafür gemacht werden muss –
das Spüren einer größeren Kraft, die uns behütet führt und das Wissen:

Alles, was mir im Außen begegnet, ist Spiegel meines Inneren.

Alles was mir widerfährt, lehrt mich, heilt mich
und bringt mich meiner Essenz näher.

5. EINFACHHEIT

ZURÜCK ZUR (EIGENEN) NATUR

DER FLUSS DES LEBENS

Das Ziel des Lebens(-flusses) ist es, die eigene Größe zu erkennen, anzunehmen und zu leben. Authentizität, Wahrhaftigkeit und Mut gehören zum Leben im Fluss dazu. Potentialentfaltung, Leichtigkeit und Lebensfreude sind treue Begleiter auf diesem Weg. Magische Synchronizitäten, Momente der Stille und des Glücks, sowie das Gefühl des Verbundenseins sind klare Zeichen dafür, dass das Leben *rund* läuft, im Fluss ist.

Das Sein im Fluss des Lebens lässt dich ruhig werden. Es macht dich bewusst. Nicht nur das Bewusstsein für dich selbst und deine Bedürfnisse verfeinert sich. Auch die Wahrnehmung deiner Umwelt, deinen Mitmenschen und der Natur gegenüber wird weit. Du erkennst dich als Teil des Ganzen. Du findest Lehren in scheinbar alltäglichen Begegnungen und Erlebnissen. Dein Fokus liegt auf den wesentlichen Dingen und auf dem, was dir dein Herz zuflüstert.

Leben bedeutet in Bewegung sein. Stagnation richtet sich gegen den natürlichen Fluss. Sie ist kräfteraubend und bietet keine Sicherheit, ganz im Gegenteil. Das Verharren, indem man keine Entscheidungen mehr trifft, sich dem Leben und den damit verbundenen Lektionen und Erkenntnissen verwehrt, führt in den Schmerz.

Die Natur macht es uns vor, ungeachtet aller Ereignisse nimmt sie ihren Lauf. Die vier Jahreszeiten sind in unseren Breiten treue Begleiter. Sie verdeutlichen uns den immerwährenden Kreislauf vom Werden und Sterben.

Die Natur als Lehrmeisterin

Loslassen und manifestieren, loslassen und manifestieren, immer und immer wieder. Das ist es, was Mutter Erde uns vormacht. Sie lässt los, wenn die Zeit dafür gekommen ist und gibt somit dem Neuen Raum. Mit Urvertrauen gelingt auch uns Menschen der Loslassprozess auf allen Ebenen. Das Festhalten von Menschen, Situationen, Gewohnheiten und so weiter basiert auf dem Mangel an Vertrauen. Es gaukelt uns vor, auf diese Weise Kontrolle zu haben. Das ist eine Illusion. Das Stemmen gegen den Fluss des Lebens macht uns zu Marionetten im eigenen (Lebens-)Spiel. Die Manifestation der Zukunft findet stets im Jetzt-Moment statt. Entscheidungen aus dem Herzen führen uns aus der vermeintlichen Komfortzone. Das Hadern mit dem, was vorbei ist, ist verlorene Kraft und Mühe. Das Herbeisehnen einer zukünftigen Möglichkeit als Idealzustand (wenn ich das erreicht habe, dann ...) lässt uns vergessen in der Gegenwart zu leben.

Menschen, die sich dem Lebensfluss hingeben wissen, dass es etwas Größeres ist, das sie trägt. Ein *sich fließen lassen* bedeutet demütig gegenüber der Schöpfung zu sein und gleichzeitig die eigene Schöpfungskraft anzunehmen. Wenn du dich einmal dafür entschieden hast, gibt es kein Zurück mehr. Du selbst wirst es nicht mehr wollen.

Unsere Vorfahren haben sich am Lauf der Sonne und am Mondzyklus orientiert. Der lunare Kalender war der erste Kalender, der von Menschen erstellt wurde. Die Mondphasen sind einfach zu verstehen und sie geben Orientierung durch unterschiedliche Zeitqualitäten. Die Phasen des Mondes wiederholen sich 12 mal, manchmal 13 mal im Jahr. Der Mondzyklus birgt denselben Ablauf von Zeitqualitäten in sich, den ein Kalenderjahr beschreibt. Im Bewusstsein für die natürliche Abfolge fällt uns die Akzeptanz des gegenwärtigen Momentes leichter. Wir lernen, dass alles seine Zeit hat.

Frühling – Dein *Ja* zur Schöpfungskraft

Im Frühling empfangen wir, atmen wir unbedarft, erfrischt vom Wunder Leben. Wir sind voller Lebenskraft und Leichtigkeit. Das wiederkehrende Licht nährt uns, schenkt uns Zuversicht. Ein *Ja* zum Leben lässt den Neubeginn eines Zyklus zu. **Was wir gesät haben, beginnt nun zu keimen. Es wird sichtbar, was wir mit unseren Gedanken erschaffen haben.**

Das *Ja* zur ureigenen Schöpfungskraft ist ein Versprechen dir selbst gegenüber. Du versprichst dir, achtsam mit dem Geschenk deines Lebens und den einzigartigen Fähigkeiten, mit denen du geboren wurdest, umzugehen. Deine Zweifel dir selbst und dem Leben gegenüber übergibst du dem Großen Ganzen. Du fühlst dich getragen von Mutter Erde und allen Wesenheiten, die dich auf deinem Erdenweg unterstützen.

Du feierst die tiefe Verwurzelung mit Gaia, unserer Mutter Erde. Gleichzeitig ist dein Herz weit und du bist bereit, dich dem Mysterium Leben hinzugeben. Du bist eins mit dem ewigen Zyklus der Existenz, gleichermaßen an dessen Anfang und Ende.

Sommer – Höhepunkt deiner Menschlichkeit

Der Sommer ist Fülle und Ekstase. Er steht für die Schönheit, die Unbändigkeit und die Tiefe des menschlichen Seins. Wir erleben Berg- und Talfahrten der Emotionen, lassen uns vom Leben selbst umarmen. Die Definition des eigenen Wesens wird greifbar. **Wir sind dazu aufgerufen, uns zu verschenken, uns voll und ganz hinzugeben.**

In der Hingabe erschüttern uns tief gehende Erlebnisse und schmerzhafte Begegnungen, die das menschliche Sein mit sich bringen. Eckhart Tolle spricht vom emotionalen Schmerzkörper, der sich aus unseren Lebenserfahrungen formt und von negativen Gedanken und Angst genährt wird. Je größer das menschliche Leid, desto machtvoller der Schmerzkörper. Je stärker die Identifikation mit dem Schmerzkörper, desto größer die Resonanz mit dem Leiden.

Das Gegenteil der Angst ist die Liebe. Wenn wir in der Liebe und im Urvertrauen sind, nehmen wir unserem Schmerzkörper Kraft. Wir hören damit auf, ihm immer wieder neues Leben einzuhauchen, indem wir in die Opferhaltung und den Mangel fallen. Es gibt nur zwei Kräfte auf denen alles Sein basiert. Die Kraft der Liebe und die Kraft der Angst. Wenn wir uns für die Liebe entscheiden, beginnen wir den wahren Tanz des Lebens zu tanzen.

Herbst – Kleiner Tod ins neue Sein

Herbst bedeutet Transformation, Tod. Er lädt uns dazu ein, loszulassen. Im Loslassen geschehen Wunder. Die Magie des Lebens übernimmt die Führung, der Verstand darf sich ausruhen. Wunder werden Wirklichkeit. Wenn der Schmerz erst gesehen und anerkannt ist, ist nichts mehr so, wie es war. Wir werden ein Stück heiler, mit jedem kleinen Tod des Egos. Es ist das Ego, das uns von unserer inneren Weisheit fernzuhalten versucht. Es bemüht sich, uns davon zu überzeugen, dass die Welt der Magie nicht existent ist, bedeutet der Eintritt in diese Welt doch den sukzessiven Tod des Egos.

Der Herbst ist uns ein treuer Begleiter im Erkennen von Illusionen. Er unterstützt uns dabei, unsere eigenen Masken fallen zu lassen und Scheinwelten zu durchschauen. Das neue Sein bringt uns in die im Inneren liegende Kraft der Veränderung. Wir werden uns dessen gewahr, was uns nicht mehr dienlich ist und definieren uns damit ein neues Feld der Erfahrung – der Ausstieg aus dem Hamsterrad beginnt. Lass es uns die Spiritualität nennen, die Bewusstwerdung von nicht sichtbaren Ebenen, die sich uns im Herbst erschließt, manchmal auch das bisher funktionierende Weltbild zum Erschüttern bringt.

Winter – Großes entwächst der Stille

Der Winter bringt Weite mit sich, innere Weite. Er lässt uns ruhig und besonnen werden. Wir nutzen die Kraft der Gedanken, säen mit unseren gegenwärtigen Visionen die Erfahrungen in der Zukunft. Alles Sichtbare wurzelt im Äther, im nicht Sichtbaren. Das, was sich materialisiert, findet seinen Ursprung stets in der Leere.

Aus der großen Dunkelheit gebar sich der Urknall, mit Klarheit, Fokus und unbändiger Lebenslust.

Im Winter weben wir für die kommenden Tage. Der innere Frieden wird uns zum Kompass. Gelassenheit lädt uns dazu ein, freudvoll einen neutralen Blickwinkel auf unser menschliches Sein zu werfen und barmherzig mit unserem bisherigen Weg zu sein. Im einfachen Sein ohne Wertung sind wir kraftvoll, klar und mächtig.

Der immerwährende Tanz der Elemente

Jeder Jahreszeit kann eines der vier Elemente zugeordnet werden. Ich assoziiere den Frühling mit der Erde, den Sommer mit dem Feuer, den Herbst mit dem Wasser und den Winter mit der Luft. So wird es in der Tradition des Regenbogenmedizinrades weitergegeben und so habe ich es von meiner Lehrerin Sonia Emilia Rainbow Woman gelernt. So praktiziere ich es, da es sich für mich *rund* anfühlt. Andere Zuteilungen sind nicht falsch. Wir Menschen sind auch an dieser Stelle dazu aufgerufen, die Unterscheidung zwischen richtig und falsch fallenzulassen. Es geht auch nicht darum, den Fokus auf eventuelle Widersprüche zu legen. Was zählt, sind die Stimmigkeit, das Bauchgefühl, und die Schlüssigkeit innerhalb eines geschlossenen Systems, Ratio und Intuition im Einklang.

Einer meiner Lehrer hat mich in die Urkräfte der vier Elemente eingeführt. Im Einklang sind sie reine Schöpfungsenergie. Ihr Zusammenwirken kreiert das zyklische Sein auf Erden.

Im Kern unseres Planeten wird das Feuer gehütet. Das Element Feuer ist der Anfang und das Ende allen Seins. Am Anfang war das Licht, geboren aus der Dunkelheit. Am Ende ist die Asche, in die alles Sein zurückkehrt.

Das Element Erde umhüllt den Feuerkern und hütet ihn. Die Erde ist die Basis der Materialisierung. Gewärmt vom Feuerelement bringt sie das Leben hervor.

Durchtränkt vom Elixier der Lebendigkeit, dem Wasser, wird Wachstum auf Erden möglich.

Mit dem Luftelement wird alles bewegt und in Verbindung gebracht. Aus den elementaren Kräften formt sich die immerwährende Symphonie des Seins.

Momentan zeigen uns die Elemente durch Naturkatastrophen das Ungleichgewicht auf unserem Planeten auf. Der Überfluss oder der Mangel an Elementen lassen Mutter Erde brennen, das ewige Eis schmelzen, Überflutungen passieren, Zerstörung durch Wind und Erdbewegung geschehen. Menschen leiden an Hunger und andernorts erdrückt die Fülle an allem, lässt sie im Überfluss sinnbildlich ersticken.

VIER PHASEN DER WANDLUNG

Die vier Jahreszeiten können auch durch vier Phasen der Wandlung zum Ausdruck gebracht werden. Der Frühling steht für die Trennung, der Sommer für die Balance, der Herbst für die Ressource und der Winter für das Einssein.

Jahr für Jahr bewegt sich die Natur von der Trennung zurück ins Einssein, um im Anschluss erneut vom Einssein in die Trennung zu gehen.

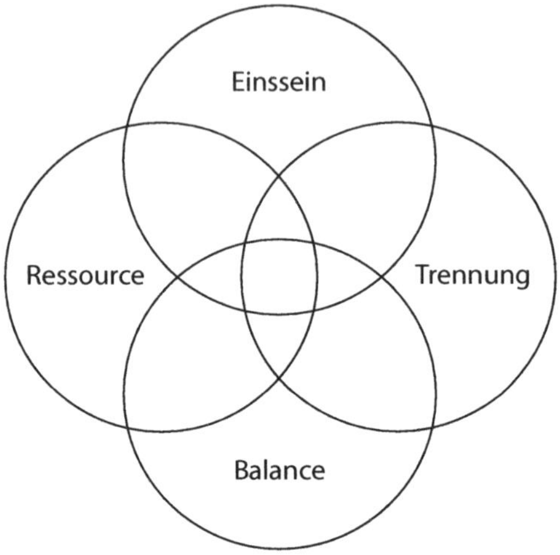

| Die 4 Phasen der Wandlung

Die Seele begibt sich aus dem Jenseits, aus dem Raum des Alleinseins, in die Materie. Die menschliche Erfahrung nimmt ihren Lauf. Der Mensch ist zu Fleisch gewordenes Bewusstsein, Göttlichkeit in Menschengestalt. Die Summe von Körper, Geist und Seele. Der moderne Mensch hat das jedoch vergessen. Der Körper, der Geist und die Seele werden getrennt voneinander wahrgenommen. Die ursprüngliche Gleichwertigkeit ist aufgehoben und somit die natürliche Balance des Seins. Der Mensch per se fühlt sich getrennt von allem, was ist. Alles Fühlen, Denken und Handeln basiert auf Linearität und dem dualistischen Prinzip. Die Emotion übernimmt die Führung und schürt das Ungleichgewicht. Der Schmerz der Abspaltung von der eigenen Schöpfungskraft und das gleichzeitige Erkennen der Bedeutsamkeit, sowie auch der Bedeutungslosigkeit des eigenen Seins führen zurück in die Balance. Das Spüren, ohne sich vom Gefühl nachhaltig überwältigen zu lassen, macht Heilung möglich. Das innere Wissen über die Vollkommenheit allen Seins setzt die Fragmente der Trennung wieder zusammen.

Mit der Selbstermächtigung und der Erkenntnis, dass alles miteinander verbunden ist, erschließt sich der Mensch das Universum als multidimensionalen Raum. Ein komplexes Gefüge der Schöpfung, das sich mit jedem Moment neu erschafft. Er (an-) erkennt sich als wichtigen Teil der gesamten Schöpfung. Mit dem Wissen, dass alles Sichtbare, wie Nicht-Sichtbare, lebendig ist und somit eine Wirksamkeit hat, beginnt die Erinnerung an die kosmischen Gesetzmäßigkeiten. Der Mensch respektiert sie und beginnt sein Leben danach auszurichten.

Alles, was das Leben gibt, wird zum Geschenk, zur unerschöpflichen Ressource auf dem Weg zur Bestimmung. Die Verbundenheit schenkt Urvertrauen. Das Bewusstsein für das All-eins-Sein darf frei fließen. Das zyklische Sein der Existenz und das Wissen über die Notwendigkeit der Balance zwischen den Polen führen den Menschen zurück in den Frieden. Zuerst in den inneren Frieden, danach in den Frieden auf Erden.

Es ist die Demut gegenüber der (eigenen) Schöpfungskraft, die uns mit Gelassenheit die Wogen des Lebens meistern lässt. Der Rhythmus von Geben und Nehmen, Handeln und Ruhen, Wissen und Nicht-Wissen nimmt seinen natürlichen Lauf.

Das Leben ist Bewegung. Alles ist mit allem verbunden.

VERBUNDENHEIT SPÜREN – EINFACHHEIT LEBEN

2009 war ein toughes Jahr für mich. Die Arbeit als Architektin in einem Architekturbüro ließ mich zwar wichtige Lebenserfahrungen sammeln, brachte mich aber an einen Punkt, der mich zur Innenschau rief. Ich fand mich als Angestellte eines korrupten und manipulativen Menschen wieder und fragte mich wiederholt, wie sehr ich mich schuldig gemacht hatte, für ihn gearbeitet zu haben. Auch war wenig übrig geblieben von der inspirierenden Studienzeit. Das Baugewerbe war und ist rau, es kann, besonders für feinfühlige Menschen, erbarmungslos sein. Meine Illusionsblase vom Traumberuf Architektin platzte endgültig. Ein kleiner Tod ins neue Sein sozusagen.

Der Eintritt in das Berufsleben Ende 2005 gestaltete sich in meinem Fall noch als angenehm. Mein erster Chef, für den ich 9 to 5 arbeitete, stellte sich als bereichernder Lehrmeister heraus. Man könnte sagen, wir waren aus demselben Holz geschnitzt und deshalb harmonierten wir nicht nur außergewöhnlich gut, wir pushten uns gegenseitig und entwickelten aus meiner Sicht großartige Architektur. Die raue Welt da draußen ließ mich jedoch bald erkennen, dass gute Arbeit, Liebe und Ehrlichkeit kein Garant für Erfolg sind. In unserer Leistungsgesellschaft kommt es auf die Performance an, manchmal auch auf Beziehungen und sicherlich auf das Talent, sich und sein Werk gut präsentieren zu können. Davon hatte ich dank meines Partners während der Studienzeit in der Theorie einiges mitbekommen. Er studierte an der Wirtschaftsuniversität und manche Gespräche von uns endeten in seinem verzweifelten Versuch, mir die Augen für DIE – sprich seine – Realität zu öffnen.

Ja, in vielerlei Hinsicht war ich naiv, gutgläubig, zu *positiv* und ... ich habe es mir bis heute bewahrt. Dafür bin ich sehr dankbar. Es gelingt mir nach wie vor, immer wieder furchtlos und ohne vorgefasste Meinung in Begegnungen zu gehen. Das bringt Vorteile mit sich, klar, manchmal auch Nachteile. Der Nachteil liegt darin, dass das Platzen der *Happy Bubble,* das sogenannte Zurückkommen auf den Boden der Tatsachen, Momente der Enttäuschung mit sich bringt. Der Knall kann nachhaltig sein und die Regenerationszeit ein wenig dauern. Dennoch, ich umarme diese Momente der Desillusionierung.

Blickt man auf den Moment der Enttäuschung aus einer anderen Perspektive, so stellt er sich eventuell als Gnade heraus. Die Täuschung hat ein Ende, Amen! Manche Zungen mögen nun behaupten, dass man ohne Enttäuschungen auskommt, wenn man von Anfang an wachsam ist. Gute Ratschläge diesbezüglich habe ich viele bekommen. Aus heutiger Sicht traue ich mich zu behaupten, dass gewisse Situationen und Menschen dazu bestimmt waren in mein Leben zu kommen. Ich habe sie auf Seelenebene in mein Leben gerufen, um zu wachsen. Ich liebe es, Erfahrungen zu sammeln. Klar, mitten in der Lektion verstrickt, gelingt es nicht immer, es so entspannt zu sehen. Im Nachhinein bestätigt es sich aber immer wieder. Deshalb gehe ich mit offenem Herzen nach dem Motto: *Wolle was komme und komme was wolle.*

Kehren wir zurück zum Jahr 2009. Die *Ent-täuschung* am Arbeitsplatz ließ mich den Job hinschmeißen und zwang mich dazu, vorerst zu Hause zu bleiben. Ungewöhnlich, sehr ungewöhnlich für mich. Zum damaligen Zeitpunkt mehr als belastend. Kurz vor meinem 30. Geburtstag saß ich also arbeitslos und in den Scherben einer vermeintlichen Romanze à la Hollywood alleine in meiner Wohnung in Wien. Vorsichtshalber und vernünftigerweise hatte ich mein Jahresticket bei den Wiener Linien gekündigt, um Fixkosten zu sparen. So hatte ich einen Euro pro Tag gespart, mit der Einschränkung, die Stadt nun zu Fuß erobern zu müssen. Was für eine Entscheidung fürs Leben auf Anraten meiner Vernunft. Noch mehr Geld beim Fenster rauswerfen, nein danke.

Mein Trip nach New York kürzlich hatte meine Spardose genug belastet. Noch dazu hatte er nicht den erhofften Erfolg mit sich gebracht. Der schriftliche Austausch mit einem Mann, dem ich sechs Jahre zuvor während meines Auslandssemesters in Kanada begegnet war, und der mir *zufällig* auf Facebook als Freund vorgeschlagen worden war, war zunächst durchaus vielversprechend. Unsere face to face Begegnung beim Empire State Building war dafür umso niederschmetternder. Aber lassen wir das Thema lieber sein.

Ich musste nachdenken, und ich hatte viel Zeit dazu. Irgendwie gelang es meiner Seele, die Stimmen über das Versagen und die angsteinflößenden Zukunftsszenarien meines Geistes zu übertönen. Gott sei Dank. Nach einem kurzen Kassensturz war die Entscheidung aus dem Herzen getroffen. Ich fuhr nach Peru, in den Dschungel, um den Schamanen wiederzusehen, der mir bereits 2008 das Herz und die Augen geöffnet hatte.

Die *Icaros* [1] der Schamanen durchfluteten meinen Körper. Meine Zellen begannen zu tanzen. Der klare Sternenhimmel und die atemberaubende Präsenz der Natur im Amazonas ließen mich ankommen, vertrauen, dass alles gut ist, so wie es ist. Wien und mein bisheriges Leben waren plötzlich ganz weit weg. Neben den Begegnungen mit Schamanen, anderen Reisenden und der Schönheit von Mutter Erde fühlte ich diese unbändige Kraft in der Einfachheit. Kein Handy, kein Laptop, keine Uhrzeit, keine Termine oder Verpflichtungen. Plötzlich wurde es ganz still in meinem Kopf. Gedanken, die mich wochenlang begleitet, mir teilweise den Schlaf geraubt hatten, waren weg oder plötzlich bedeutungslos.

Ich mag deine Einfachheit

Am ersten Tag im Dschungel machte ich mich mit meinen Mitbewohnerinnen bekannt. Wir teilten uns eine kleine Hütte mit drei Schlafgelegenheiten inklusive Moskitonetz und Holzregalen für unser Hab und Gut. Am Ende eines intensiven Gesprächs sagte eine der Frauen zu mir: *„Ich mag deine Einfachheit“*. An ihrem Blick erkannte ich, dass das ein Kompliment sein sollte. In meinem Kopf begann es zu rebellieren. Keinesfalls bin ich einfach, ich habe schließlich studiert und bereits einiges an Lebenserfahrung, und außerdem ... das ist eine Beleidigung, mich als einfältig zu bezeichnen, am besten, ich suche mir eine andere Unterkunft.

Ein paar ruhige Atemzüge und ein kurzer Spaziergang ließen mich die Worte erneut im Herzen spüren: *Ich mag deine Einfachheit*. Plötzlich verstand ich. Bis heute ist diese Aussage eines meiner Lieblingskomplimente an mich und noch viel mehr. Es ist eines meiner größten Ziele, noch tiefer in meine Einfachheit, in mein einfaches Sein, einzutauchen.

Als Europäerin der Mittelschicht musste und muss ich mir Einfachheit im Alltag immer wieder erarbeiten. Die Frau im Dschungel hatte Recht. Die Einfachheit war von Anfang an Teil meines Wesens, doch habe ich diese Gabe lange Zeit nicht anerkannt.

Die Einfachheit beschreibt für mich die Verbundenheit mit dem Herzen.

---

1 Icaros sind traditionelle Gesänge südamerikanischer Schamanen, die bei ihrer Heilarbeit angewandt werden. Sie werden auch als Medizingesänge bezeichnet und harmonisieren Energien.

Die Naivität des jungen Mädchens, das unbedarft voranschreitet, das Leben voll und ganz umarmend. Auch bedeutet Einfachheit für mich die Wertschätzung der Natur und all ihrer Wesenheiten. Als Meisterklasse der Einfachheit würde ich die Anerkennung der eigenen Natur bezeichnen.

Ich bin, wie ich bin. Ich ehre mich mit allem, was ich bin,
so wie ich dich in all deinen Facetten ehre.

Ich spreche meine Wahrheit und höre deine Wahrheit,
wertschätze alle Blickwinkel des Seins.

Ich urteile nicht, sondern frage mich:
„Was sagt die Liebe dazu?“

Das bedeutet Einfachheit für mich und ich übe mich darin,
Tag für Tag.

GÖTTLICHKEIT ERKENNEN, IN ALLEM WAS IST

Das menschliche Sein findet seinen Anfang in der Dualität. Wir werden aus der Dunkelheit ins Licht geboren, aus dem Nichts ausgespuckt ins Alles und Nichts. Die Geburt in das Menschsein fordert ihren Tribut. Sie lässt uns vergessen, wer wir wirklich sind, mit dem Ziel, uns wieder an das Einssein in Gott zu erinnern. Das ist das Spiel des Lebens.

Mensch sein bedeutet, sich im immerwährenden Zyklus der Existenz als Einheit von Körper, Geist und Seele zu erfahren. Wir durchschreiten Phasen von der Geburt in den Tod, immer und immer wieder. Unsere menschlichen Erfahrungen geben uns die Möglichkeit, uns an das immerwährende Spiel des Leben mit seinen Regeln zu erinnern. **Wenn wir die Regeln kennen, wird es einfacher. Wenn wir lernen, nach den Regeln zu leben, wird es unwiderstehlich wunderbar.**

Plötzlich rennen wir nicht mehr gegen Mauern und geben den Kampf gegen uns selbst auf. Wir leben nicht mehr in der Vergangenheit und sorgen uns nicht um die Zukunft. Wir wissen: Alles hat seine Zeit.

Ich beschäftige mich seit 2008 intensiv mit den Lehren des Medizinrades. Das Medizinrad ist mein Kompass, mein Hafen. Es gibt mir Orientierung und hält mich in stürmischen Zeiten. Es lehrt mich die Vollkommenheit in allem zu erkennen. Göttlichkeit ist omnipräsent und zeigt sich auf verschiedenste Weisen. Leben ist Bewegung. Der Fluss des Lebens bringt dich zurück zu deinem Wesenskern.

Das Wissen über die Zyklen des Seins macht es einfach. Es ist eine kosmische Gesetzmäßigkeit, dass auf jede Nacht ein Tag folgt, dass jeder Tiefschlag von einem Höhenflug beantwortet wird, dass Aktivität mit Passivität erwidert wird. Wir dürfen das Steuer abgeben und vertrauen, Zeichen erkennen und diese verstehen. Es ermächtigt uns, macht uns demütig gegenüber der Schöpfung und gleichzeitig kraftvoll wirkend.

Business as usual

„Wann ist der Plan endlich fertig? Die Bauherren warten bereits seit Tagen darauf. Die Einreichpläne sollten schon längst bei der Behörde liegen!" höre ich meinen Chef sagen, während ich meinen Computer zum dritten Mal neu starte. Wenn das Projekt nicht will, will auch die Software nicht, ganz einfach. Zumindest wäre es einfach, wenn wir Menschen dies akzeptierten und uns nicht gegen Widerstände stemmen würden. Das habe ich bereits während meines Studiums gelernt. Als Studentin hatte ich das Privileg, mit dem Wesen eines Projektes gehen zu können. Ich kommunizierte mit ihm und konnte weitestgehend seinen „Zeitplan" berücksichtigen.

2005 arbeite ich an meinem Diplomprojekt zum Abschluss meines Architekturstudiums. Ich hatte mich dafür entschieden, mich intensiv mit dem Ort Bad Gastein zu beschäftigen und für das bereits seit langer Zeit leerstehende *Grand Hotel Gasteinerhof* ein Revitalisierungskonzept zu entwickeln. Meine Großeltern lebten in Bad Gastein und meine Eltern hatten dort eine kleine Wohnung als Zweitwohnsitz. Der besondere Ort prägte bereits meine Kindheit. Bis heute spüre ich eine tiefe Herzensverbindung mit Gastein.

Als ich in Büchern zu blättern begann, Artikel las und historisches Bildmaterial durchforstete, entwickelte sich ein Dialog. Bad Gastein und auch der *Gasteinerhof* begannen sich mir mitzuteilen. Anfangs durch Gefühle und Bilder, später mit klaren Worten. Ich war im Fluss, den theoretischen Teil der Arbeit zu verfassen machte Spaß und er formte sich mit einer auffallenden Selbstverständlichkeit.

Auf Basis der Grundlagenforschung sollte meine Arbeit in den praxisbezogenen Teil übergehen. Es war mein Ziel, anhand der Geschichte und des Ist-Zustandes des Ortes einen architektonischen Entwurf zu entwickeln, der sich städtebaulich stimmig einfügt, wirtschaftlich, sowie funktional ansprechend ist. Meine anfängliche Euphorie wurde bald getrübt. Das ehemalige Grand Hotel stemmte sich gegen all meine Bemühungen, ihm ein neues Kleid zu verpassen. Man könnte von einer wochenlang andauernden Schaffenskrise sprechen. Plötzlich hatte alles seinen Sinn verloren, die anfängliche Begeisterung war endgültig verschwunden. Der selbst auferlegte Zeitrahmen wurde zunehmend zur Belastung. Nichts ging mehr. Ich entschied mich, erneut nach Bad Gastein zu fahren. Es war mir ein Anliegen, der Blockade vor Ort auf den Grund zu gehen. Das Hotel fühlte sich wie ein störrischer Esel an, der sich gegen jede Veränderung aufbäumte. Vor Ort setzte ich mich mit dem inneren Impuls an das Gebäude: *„Lass uns reden"*. Es funktionierte. Es fühlte sich so an, als könnte endlich fließen, was so lange zurückgehalten wurde. Emotionen, Verletzungen, Missverständnisse und Ängste.

Im Lauschen begann ich zu verstehen. Meine Haltung gegenüber dem Ort und dem Gebäude änderte sich grundlegend. Ich war bereit, gemeinsam mit dem Ort und dem Grand Hotel Visionen zu weben und mögliche Wege aufzuzeigen. Feinstoffliche, nicht sichtbare Ebenen wurden zu Dirigenten der Komposition, die sich durch mich zu entfalten begann. Ich wurde zum Fahrzeug, das an das Ziel gelenkt wurde, das Werkzeug, das geführt wurde von einer größeren Kraft. Es begann wieder zu fließen. Meine Gedanken waren klar, die Impulse deutlich und die Inspiration zurück. Einfachheit machte sich breit, eine Selbstverständlichkeit im Werden, so als gäbe es nichts Natürlicheres auf Erden.

Inzwischen hatte ich ein Stoßgebet in den Himmel abgegeben und meinen Computer nochmals freundlich darauf hingewiesen, dass ich weiß, dass es eine Blockade gibt, die jedoch sowohl für meinen Chef, als auch für die Auftraggeber des aktuellen Projekts irrelevant ist. Wer hat schon Lust auf bockige Baugründe oder zickige Gebäude? Es gibt genügend andere Probleme, da bleibt keine Zeit für etwaige Befindlichkeiten von Objekten und Orten. Genau das ist der Punkt, den wir überdenken sollten. In eine Haltung der Co-Kreation zu gehen spart Kraft und Nerven.

Auch das durfte ich im Dschungel miterleben. Zeit hat dort eine ganz andere Bedeutung als bei uns in der westlichen Welt. Die Zahnräder drehen sich dort viel langsamer. Für das Wort „Pünktlichkeit" gibt es einen sehr großen Interpretationsspielraum. Da prallen Welten aufeinander!

Die Gelassenheit und das Urvertrauen in eine größere Kraft, sowie das Wissen, dass alles seine Zeit hat und nicht wir Menschen diejenigen sind, die alles regulieren und kontrollieren können, fehlen in unserer Kultur fast zur Gänze. Wie einfach es doch für alle Beteiligten wäre, würde es uns gelingen, uns dem natürlichen Fluss hinzugeben, in allen Bereichen. Mein Beispiel kommt aus der Bauwelt. Es zeigt, wie sehr wir Menschen festhalten – an Zeitpunkten, Rahmenbedingungen, Wünschen und Vorstellungen. „Über Leichen zu gehen" ist mitunter möglich; wie viel Kraft dafür aufgewendet werden muss, steht aus meiner Sicht jedoch in keiner Relation zum Ergebnis.

Zeit ist Geld

Die Uhren ticken erbarmungslos, immerzu. Schnell, schnell, schnell. Mach mit, oder du wirst einfach auf der Strecke bleiben. Schon im Schulalter liegt der Fokus darauf, wer der Schnellste ist, wer der Beste ist, wer der Größte ist. In der Berufswelt geben wirtschaftliche Faktoren engmaschige Zeitpläne vor. Außerdem muss etwas, was ein Mensch sich in den Kopf gesetzt hat, möglichst gleich umgesetzt werden. So finde ich mich im Baugewerbe in einem Hamsterrad der Produktivität wieder. Deadline über Deadline, sich selbst bedauernd, da man sich überlastet fühlt und sich teilweise zur Maschine degradiert fühlt. Wo bleibt der Spirit, die Achtung des Ortes und der göttlichen Ordnung?

Wann werden wir Menschen verstehen, dass wir nicht das Maß aller Dinge sind? Wann werden wir die Zügel abgeben und das tun, was unserer Natur entspricht? Zurück in die Einfachheit.

6. ERWACHEN

DER ZAUBER DES NEUBEGINNS

FRÜHLINGSZAUBER: LEBENSFREUDE UND VERGESSEN

Was wäre, wenn du alles hinter dir lässt und den Neustart wagst? Du weißt nicht, was dich erwartet. Naiv, kindlich, stellst du dich der Chance, öffnest dein Herz und – springst.

So habe ich es gemacht, nicht einmal, nicht zweimal, viele Male in meinem Leben bin ich gesprungen. Ich habe meinen ganzen Mut zusammengenommen und bin durch die Pforte gegangen, die mir das Leben geöffnet hatte. Immer wieder, ohne es bewusst zu tun, habe ich mich dem Fluss des Lebens hingegeben. Ich habe das mir wohl bekannte Ufer hinter mir gelassen, dorthin, wohin mich das Leben einlud.
Dass der neu eingeschlagene Weg sich immer auf Anhieb als bessere Variante zur vorherigen erwies, kann ich nicht behaupten. Dass er bereichernd war und meinen Horizont weitete, das trifft bei mir in jedem einzelnen Fall zu 100 Prozent zu.

Reich beschenkt von einer großen Portion Urvertrauen durfte ich in dieses Leben als Kristina Grandits starten. Dafür bin ich unendlich dankbar. Der Glaube an das Gute und das Wissen, stets wohl behütet zu sein, machten mich zu einem Kind, das stets auf die Butterseite gefallen war. Auch als erwachsene Frau fühle ich mich beschenkt. Das Leben ist mir wohl gesonnen. Natürlich gab und gibt es im Laufe meiner Jahre immer wieder Herausforderungen, Tiefschläge und Verletzungen.

Ein Kind der Sonne ist nicht gefeit vor dem Unglück, es lässt sich nur nicht davon abbringen, voranzuschreiten und dem Leben mit offenem Herzen zu begegnen. Es besitzt die Fähigkeit, das Glück im Unglück zu erkennen. Auch gesteht sich ein Kind der Sonne ein, Hilfe zu benötigen und diese vor allem anzunehmen. Auf dem Weg in ein Burnout habe ich mich rundum umsorgen lassen. Akupunktur, Pflanzenmedizin aus der TCM und Gesprächstherapie. Ich habe mich geöffnet für die passende Unterstützung und sie kam, wurde mir auf dem goldenen Tablett serviert. Auch wenn sich die Türen nicht sofort geöffnet haben, habe ich den Kopf nicht in den Sand gesteckt.

Als sich die Zeichen, dass ich Hilfe in Anspruch nehmen sollte, zugespitzt hatten, sprach ich mit mehreren Therapeutinnen. Die ersten drei waren mir nicht unsympathisch, alle wurden mir von Freunden oder Bekannten empfohlen. Dennoch, alle drei gaben mir nach dem Erstgespräch dasselbe Feedback. Sie hatten das Gefühl, dass ich keine Therapie brauchte, da ich einen starken und selbstreflektierten Eindruck in ihnen erweckte. Eine starke Persönlichkeit und die Fähigkeit der Selbstreflexion zu besitzen, schließen aus meiner Sicht jedoch nicht den Bedarf an Unterstützung aus.

Ich ging weiter, bis ich *meiner* Therapeutin begegnete, die mich in der damaligen Situation auffing und über einen längeren Zeitraum begleitete. Ein Geschenk des Himmels, das mich, wegen meiner Hartnäckigkeit, über Umwege erreichte. Ein tiefgehendes Burnout konnte abgewendet werden. Nach einigen Monaten war ich wieder in meiner Kraft und zurück im Job.

Ich kenne einen Mann, der seit jungen Jahren Alkoholiker ist. Bis zum heutigen Tag ist sein Alltag von seiner Sucht geprägt. Er hat einen anderen Weg als ich gewählt. An einem Tiefpunkt seiner Selbstzerstörung gab er das Ruder für den weiteren Verlauf seines Suchtverhaltens ab. Es wurden ihm von mehreren Seiten Möglichkeiten aufgezeigt, die ihm Unterstützung boten. Er nahm all seinen Mut zusammen, spürte innerlich das *Ja* zur Veränderung. Bereit die notwendige Hilfe anzunehmen, ging er zur Ärztin seines Vertrauens. Er sprach zum ersten Mal offen von seinem Suchtproblem, mit der Bitte an die Medizinerin, ihn dabei zu unterstützen, weitere Schritte zum Entzug in die Wege zu leiten.

Lange hatte er mit der Entscheidung gehadert, bis er endlich gesprungen ist. Die Antwort der Ärztin auf seine Bitte war überraschend, eigentlich aber auch sehr bequem für ihn. Sie berief sich auf die Leberwerte des Mannes, die damals, vor etwa 15 Jahren, medizinisch gesehen im Normalbereich lagen.

„Alles in Ordnung, sie haben kein Alkoholproblem. Ich sehe keinen Grund, weshalb sie eine Suchttherapie anstreben sollten." Wenige Worte, die für den Mann zum Freibrief wurden, um so weiter zu machen wie bisher.

Immer wieder, wenn mein Bekannter ins Schussfeuer der Kritik und des Urteils geriet, berief er sich auf die Botschaft der Ärztin und konterte mit: *„Es gibt kein Problem, ich bin gesund. Alles in Ordnung."*

Ich bin mir sicher, dass die helfende Hand nicht lange auf sich warten hätte lassen, wäre er ohne Zweifel und mit vollem Herzen für den Wendepunkt im Leben eingestanden.

DIE HELDIN UND DER HELD BEGINNEN IHRE REISE

Du bist die Heldin, der Held deines Lebens. Folge der Liebe und dem natürlichen Lebensfluss. Verbinde dich mit deinem Herzen und lausche der Antwort auf die Frage *„Was würde die Liebe tun?"* Heldinnen und Helden sind im Urvertrauen, in tiefer Anbindung mit dem Fluss des Seins. Sie lernen aus den Lektionen des Lebens, lassen sich aber nie von dem Traum abhalten, mit dem sie geboren wurden. Manchmal sind sie naiv, stürzen sich ins Leben, ohne an die möglichen Konsequenzen zu denken, und gewinnen. Am Pfad der Helden gibt es keine Verlierer, es gibt nur Gewinner und das, was am Ende zählt, ist das Leben selbst, in all seinen Facetten. Du bist die Heldin, der Held auf deinem für dich vorgesehenen Weg. Wir alle gehen unseren eigenen Weg, nehmen den Platz im Leben ein, den wir uns selbst erwählt haben. Mit den Herausforderungen, mit all seinen Geschenken und mit der Aufforderung an dich, deine ureigene Medizin, das, wofür du brennst, zu leben.

Andere legen ihren Fokus woanders hin, sind nicht an dem interessiert, was versucht wird zu vermitteln. Eventuell wiederholen sie die eine oder andere Klasse. Genau so ist es auch mit den Seelen, die unterschiedliche Wege einschlagen. Ein Menschenleben können wir als eine Schulstufe für die Seele betrachten. Je nachdem, ob wir die anstehenden Lektionen gemeistert haben, steigen wir auf in die nächste Stufe. Ist es uns nicht gelungen, mit unserer Leistung den Lehrplan zu erfüllen, wiederholen wir die Inhalte im nachfolgenden Leben, so lange, bis sie sitzen.

Jede Seele strebt in ihrem Kern nach Wachstum. Es liegt in der Natur der Sache, sich entfalten zu wollen. Jede Pflanze strebt der Sonne entgegen, nimmt Nahrung auf, um sich zu entwickeln. Ganz selbstverständlich. Was sonst wäre der Sinn des Seins? Menschen, die die Verbindung zur Seele verloren haben, bleiben stehen, gehen nicht den nächsten Schritt und verlieren sich in einer Art Sinnlosigkeit, um es mit Härte auszudrücken.

Mit der Geburt in ein neues Leben vergisst die Seele alles, was sie bisher gelernt und erfahren hat. Sie beginnt von vorne, im wahrsten Sinne des Wortes. Das, was dabei am meisten zu schaffen macht, ist das Vergessen des göttlichen Ursprungs.

Mit der Rückbesinnung auf die Vollkommenheit, zu jedem Zeitpunkt der Existenz, werden wir zur Heldin oder dem Helden der eigenen Lebensgeschichte. Wir sind diejenigen, die das Skript für unser Erleben niederschreiben. Gut, es bewusst zu tun. Was wäre unsere Geschichte ohne Mitmenschen, ohne Ahninnen und Ahnen, ohne Kinder, Freunde, Kollegen und Nachbarn? Es wäre einsam und es gäbe niemanden, der uns dazu herausfordern würde, zur besten Version unserer selbst zu werden.

So wie Bäume unter Fremdeinfluss knicken, werden wir im Laufe des Lebens auch immer wieder von außen geschwächt. Dennoch, solange wir lebendig sind, streben sowohl die Pflanzen, als auch unsere Seele unbeirrt nach oben, in die Entfaltung. Die Natur baut nicht auf Erkenntnissen auf. Menschen ändern jedoch ihr Verhalten auf Grund von Erfahrungen. Sie werden vorsichtiger. Es gilt klar zu unterscheiden zwischen der Angst aus dem Urinstinkt heraus, die unser Überleben sichert und uns vor körperlichen Verletzungen schützt, und jener Vorsicht, die uns lediglich daran hindern möchte, etwas erneut zu probieren, aus Furcht, es könne wieder verletzen oder daneben gehen. Diese gilt es mit Mut zu überwinden. Es macht Sinn, dass Kinder nur einmal auf die heiße Herdplatte greifen. Nie wieder zu singen, weil einmal die Stimme versagt hat, oder mir irgendjemand sagte, dass ich nicht singen könne, macht hingegen absolut keinen Sinn.

Hätt i, tat i, war i [1]

Sich in der Möglichkeitsform auszudrücken, bringt Bedauern zum Ausdruck. *„Hätte ich es doch damals anders gemacht", „wäre ich doch mutig gewesen"* ... Außerdem signalisiert der Ausdruck im Konjunktiv Zweifel. *„Ich würde mich sehr freuen, wenn ... "* klingt doch eigentlich so, als sehe man keine Chance darin, sich freuen zu können. Dem Wunsch wird der Raum genommen, noch bevor er Wirklichkeit werden kann.

Wenn Menschen Sätze über die Lippen kommen, wie: *„wenn ich damals ...", „damit hätte ich früher anfangen sollen", „jetzt bin ich schon zu alt dafür ...", „das kann ich mir nicht leisten", „was werden die Anderen über mich denken ..."*, muss ich immer schmunzeln. Dann erinnere ich mich gerne an so manche Situation zurück, die mich mutig sein ließ einen Neubeginn zu initiieren. Von einem Beispiel möchte ich erzählen. Manchmal frage ich mich heute noch: Was wäre, wenn ich...

Ja, wenn das Wörtchen wenn nicht wär.

Im Alter von 14 Jahren galt es eine Entscheidung zu treffen. Welcher Berufszweig will eingeschlagen werden, wo soll die Reise hingehen? Zugegeben, zum damaligen Zeitpunkt wusste ich es nicht. Aus Ermangelung an Ideen, versuchte ich in die Fußstapfen meiner Mutter zu treten. Ich meldete mich zum Aufnahmeverfahren als Kleinkindpädagogin an, obwohl es mich nicht wirklich rief. Die schriftliche Absage der Akademie bestätigte mir, dass das nicht mein Weg war. Aus Mangel an Optionen blieb mir nichts anderes übrig, als im Gymnasium zu bleiben. Das, obwohl es nie mein Ziel war, die Matura [2] zu machen, geschweige denn, studieren zu gehen. Damals fühlte sich der Weg zu weit, wahrscheinlich auch zu groß an.

Mein Leben führte mich wie selbstverständlich zur Matura. Vier Jahre waren vergangen, das Etappenziel „Schulabschluss" erreicht. Die Matura einer Allgemeinbildenen Höheren Schule kann jedoch eher als Türöffner gesehen werden, als dass man mit ihr einen Schlussstrich zieht. Trotz eifriger Teilnahme an einem Berufsorientierungskurs und wertvollen Impulsen von Familie und Freunden, wusste ich selbst im Sommer 1998 nicht, wohin mein zukünftiger Weg führen solle.

1 Hochdeutsch : Hätte ich, täte ich, wäre ich
2 Österreichisch, in Deutschland: Abitur

Intuitiv sensibilisierte ich meine Antennen für das, was sich mir zeigen wollte. Irgendwie landete ich dabei immer wieder bei Gebäuden. Es war so, als hätten sie mich gerufen. In der Beobachtung erschloss sich mir die Komplexität und die Besonderheit in der Erschaffung von Räumen. Die Möglichkeit und auch die Verantwortung, die mit der Planung von Gebäuden einhergeht, machten mich neugierig und ließen mich nicht mehr los. Die Idee, in Richtung Architektur zu gehen war anfangs zart. Meinem Verstand gelang es ganz gut, den Samen vorerst im Keim zu ersticken. Um Architektur zu studieren, hättest du eine technische Schule besuchen müssen, niemand in deiner Familie und niemand in deiner Klasse geht diesen Weg ... Diese und ähnliche Überzeugungen ließen mich den Traum von der Architektin fast wieder aufgeben. Der Herbst kam näher, eine Entscheidung musste her. Mutig schnappte ich mir im Berufsorientierungszentrum heimlich den dicken Ordner „Architektur". Ich las mich in die Materie ein und erkundigte mich über die Bildungswege. Parallel lauschte ich einer Schulkollegin, während wir gemeinsam auf die Fahrprüfung für den Führerschein warteten. Sie gehe nach Wien, wolle eine Wohngemeinschaft gründen und suche noch eine Mitbewohnerin. Mein Herz begann aufgeregt zu schlagen. Wien, wow, da möchte ich hin. Da muss ich hin! Dort werde ich an der Technischen Universität Architektur studieren. Es folgte ein kurzes Abstimmungsgespräch mit der Vermieterin und ein Zimmer in der Wohngemeinschaft war mir gewiss.

Jetzt ging es daran, die Eltern in meine Zukunftspläne einzuweihen. Kein Widerspruch, kein Zweifel von ihrer Seite. Meinem Neubeginn im Herbst 1998 in Wien stand nichts im Wege. Noch heute erinnere ich mich besonders dann, wenn die Luft kühler wird und die Blätter sich langsam zu färben beginnen, gerne an die Zeit dieses ganz besonderen Anfangs zurück. Mutig war ich. Richtig stolz bin ich auf mich. Gut, dass ich damals meinem Herzen gefolgt bin.

Was würde ich tun, wenn heute mein letzter Tag auf Erden wäre?

Wahrscheinlich macht es Sinn, sich diese Frage regelmäßig zu stellen. Seit vielen Jahren sind mir das Visionboard und meine Liste über „100 Dinge, die ich in diesem Jahr tun möchte" treue Begleiter. Ich liebe den jährlichen Entstehungsprozess meiner Visionen und Wünsche am Ende des Kalenderjahres. Zu Beginn steht die Reflexion über das vergangene Jahr. Was auf der Liste hat sich erfüllt beziehungsweise habe ich umgesetzt, was nicht. Welche Bilder, die ich vor meinem inneren Auge entstehen ließ, wurden Realität? Sind die vergangenen 12 Monate nach Plan gelaufen, oder war alles ganz anders? Oft erfüllte sich das ein oder andere nicht, da die Zeit noch nicht reif dafür war, oder das Universum noch in der Vorbereitungsphase für die Umsetzung des Wunsches war. Vor allem diese Wünsche waren es meist, die zu den ganz besonders magischen wurden, da ich sie mir zum damaligen Zeitpunkt nicht auf diese Weise erträumen hätte können.

Erstens kommt es anders und zweitens, als man denkt.

Auf die Kunst des Visionierens folgt das Loslassen des Bildes. Nicht selten erfüllten sich die Wünsche, die ich eigentlich schon als nicht erfüllt archiviert hatte, unverhofft und in einer maximierten Version. In diesem Sinne: Dream big und sei gespannt, was das Leben noch mit dir vor hat.

Auf die Erfüllung der Träume folgen Dankbarkeit und Demut. Leben ist Fülle, darauf werde ich im folgenden Kapitel eingehen. Ich habe ein schönes Haus mit Weitblick in der Natur. Dort lebe ich mit einem Mann, der mit mir gemeinsam geht. Wir sind Eltern von zwei wunderbaren Seelen. Meine Eltern stehen mir zur Seite, wann immer ich sie brauche. Alle in der Familie und auch ich selbst sind gesund. Ich stehe in der Früh auf und darf tun was ich will. Ich verdiene sogar Geld mit dem, was ich gerne mache. Selbstverständlich? Ja und nein. Denn das Leben meint es gut mit mir, so wie es jedem Menschen wohlgesonnen ist. Aus der Selbstverständlichkeit heraus verneige ich mich regelmäßig vor dem Leben und dem, was es mir schenkt.

Sei es, dass ich während meines Morgenkaffees innehalte und mich für mein Leben bedanke. Sei es, dass ich meinen Kindern beim Spielen zuschaue und unglaublich demütig werde, weil ich ihre Mama sein darf. Sei es in der Küche, während der Zubereitung einer Mahlzeit. Der verführerische Geruch, der volle Kühlschrank mit der täglichen Qual der Wahl, die schönen Farben, die die Natur uns mit dem Gemüse schenkt. So viele Gründe, dankbar zu sein.

Wofür bin ich dankbar? Mit einem kleinen Dankbarkeitsritual wertschätze ich am Ende jedes Kalenderjahres die Erlebnisse, die Geschenke, die Erfahrungen und auch die Herausforderungen, die durch mein Leben geflossen sind. Inzwischen weiß ich mit Gewissheit, die schmerzhaften Momente stellen sich im Nachhinein meist als Segen heraus.

DAS ELEMENT ERDE

Die Erde bewegt sich immerwährend in Kreisen und Bahnen. Sie dreht sich einmal in 24 Stunden um die eigene Achse, einmal in 12 Monaten umkreist sie die Sonne. Die Erde selbst wird vom Mond umrundet. Mehrere zyklische Systeme, die aufeinander abgestimmt sind. Als Bewohnerinnen und Bewohner des Planeten Erde sind wir Menschen ebenfalls Teil dieser wiederkehrenden Prozesse.

Mit dem ersten Atemzug nach unserer Geburt schreien wir in die Welt hinaus. Es ist unser *Ja zum Leben*. Mit jedem weiteren Atemzug erneuern wir unser *Ja zum Sein auf Erden*. Der menschliche Erfahrungsweg ist ein zyklischer. Verschiedene Altersstufen und Lebensphasen. Das Eingebundensein in Kreisläufe ist in jeder Frau natürlich angelegt und geht über die Zeitspanne der ersten bis zur letzten Regelblutung hinaus. Ohne Erde kein Leben, ohne Menstruation kein Leben.

Das Element Erde steht für das Nährende, das Mütterliche. Wir dürfen uns mit Mutter Erde verbinden, uns als ihre Kinder erfahren. Erde ist Einfachheit und gleichzeitig unendlich tiefer Reichtum. In Verbindung mit dem Erdelement sind wir das Mädchen oder der Junge, verspielt, unwissend, vielleicht auch etwas naiv, da unser Handeln nicht von bereits erlebten Erfahrungen abhängig gemacht wird.

Erde ist Urvertrauen.

Alles ist da, es ist gut für uns gesorgt.

7. LEBEN

OHNE WENN UND ABER

SOMMERWONNE: LEBENDIGKEIT UND EKSTASE

Erinnerst du dich an den Moment, als du zum ersten Mal so richtig verliebt warst? Begleitet von Schmetterlingen im Bauch, genährt lediglich von Luft und Liebe. Ich schwelge diesbezüglich immer wieder gerne in meiner Vergangenheit. Verliebt sein beflügelt und, obwohl es uns in einem Menschenleben nur wenige Augenblicke gegönnt ist, vom erhabenen Gefühl der jungen Liebe getragen zu sein, ist es uns möglich, den Alltag immer wieder mit diesen Momenten der Unbeschwertheit zu bereichern.

Einer der Gründe, weshalb ich Architektur studiert habe, ist die Inspiration, die mir Räume schenken. Ich werde nie den Augenblick vergessen, als ich zum ersten Mal mein eigenes Haus betreten habe, als Planerin und gleichzeitig zukünftige Bewohnerin. Das Gebäude wurde vorgefertigt, die raumbildenden Elemente in wenigen Stunden montiert. Somit war der räumliche Effekt nachhaltig beeindruckend. Ich spürte eine Begeisterung verbunden mit großer Dankbarkeit. Im Zeitraffer lief ein Film vor meinem geistigen Auge ab. Von der Entscheidung ein Haus zu bauen, bis zum Übertritt der Schwelle ins neue Zuhause gab es mehrere Momente, die zum Staunen und Feiern aufriefen.

Mein Mann und ich lebten, damals noch unverheiratet und ohne Kinder, in einer schönen Altbauwohnung in Wien. Wir genossen das kulturelle wie kulinarische

Angebot der Großstadt und lebten ein Leben in Fülle und Unbeschwertheit. Irgendwann spürten wir beide, dass es an der Zeit sei, gemeinsame Zukunftspläne zu schmieden. Die Sehnsucht nach einer Familie wurde größer. Obwohl ich eigentlich nicht so der Typ für Planung und konventionelle Wege bin, fühlte es sich richtig und gut an, klare Schritte in einen neuen Lebensabschnitt zu setzen.

Irgendwann das eigene Zuhause zu planen war schon immer ein Traum von mir gewesen. Zuerst musste aber eine Entscheidung über unseren zukünftigen Heimatort getroffen werden. Viele Faktoren und auch das Gefühl führten uns in meine Heimat Kärnten zurück. Kärnten ist das südlichst gelegene Bundesland von Österreich und bringt nach wie vor so manche Vorzüge für uns mit sich. Die Landschaft ist wunderschön. Sowohl die Alpen, als auch viele Seen laden dazu ein, sich der Natur hinzugeben. Kärnten ist eine beliebte Urlaubsregion und die Vorstellung, da zu leben, wo andere Urlaub machen, hat so seinen Reiz. Mir selbst war es lange nicht bewusst, in welchem Paradies ich aufwachsen durfte. Erst als ich zum Studienanfang nach mehreren Monaten in Wien erstmals wieder zurück zu meinen Eltern reiste, erkannte ich die Schönheit, die Kärnten für mich in sich birgt. Es gibt diese besondere Stelle an der Autobahn, wo die Straßentrasse über eine hohe Brücke führt, die sich mit einem Abwärtsgefälle in die Landschaft einfügt. Der Ausblick ist gigantisch. Dort fühlte ich sie und fühle ich sie immer wieder, diese unerschütterliche Verbundenheit und Liebe zu meinen Heimatland. Ich spürte Tränen der Dankbarkeit, die in mir hochstiegen. Das Bewusstsein, auf diesem Boden meinen ersten Atemzug genommen und meine Wurzeln geschlagen zu haben, machte mich demütig und gleichzeitig stark.

Die einstimmige Entscheidung, unsere Zukunft in Kärnten zu beheimaten, fühlte sich großartig und gleichzeitig selbstverständlich an. Noch heute staune ich über die Klarheit meines Mannes, der seine Heimat hinter sich ließ und sich für meine, als unsere, entschied. Überzeugend war für ihn neben der hohen Lebensqualität wohl auch die Nähe zum Meer. Wir genießen es, Tagesausflüge nach Trieste oder Ljubljana zu machen, oder spontan ein Wochenende an der Adria verbringen zu können. Der Cappuccino und die Pizza schmecken in Italien einfach unvergleichlich besser. Der frische Fisch an der kroatischen Küste ist ebenfalls unbezahlbar gut.

Warum ich an dieser Stelle unbezahlte Werbung für Kärnten mache? Weil es in diesem Kapitel um das Lebensfeuer geht, um das Gefühl, die Welt umarmen zu können. Das ist meine Aufforderung an dich: Genieße dein Leben und begnüge dich nicht mit

Kompromissen. Du alleine weißt, was dir Schmetterlinge im Bauch verursacht, wo du dich zu Hause fühlst und wie du dein Lebensfeuer zum Lodern bringst. Koste dein Leben mit allen Sinnen und öffne dich für die Wege, die sich dir ebnen.

Womit wir zurück beim eigentlichen Thema wären. Die Entscheidung für die Gegend in Kärnten war ebenfalls schnell gefasst. Das Haus sollte zentral und gut angebunden gelegen sein, um das berufsbedingte Ausschwärmen in unterschiedliche Himmelsrichtungen möglich zu machen. Wir verliebten uns in unsere heutige Heimat auf der Landkarte, ohne sie zuvor gesehen zu haben. Es gab den rationalen Aspekt und das wohlige Gefühl der Verbundenheit aus der Ferne. Die konkrete Suche eines Grundstücks konnte beginnen. Meine Online-Recherche brachte eine Liste mit fünf Standorten hervor. Wir entschieden uns dazu, meinen Vater und meine Schwester vor Ort auf eine Vorfühl-Erkundungstour für uns zu schicken. Das machten sie prompt. Meine Schwester verfasste sogar einen schriftlichen Bericht über die Sachlage. Sowohl mein Vater, als auch sie gaben eine klare Empfehlung ab. Das zukünftige Grundstück war gefunden und das, obwohl es nicht auf der Liste stand. Ja, so spielt das Leben.

Auf der Suche nach einem der besagten Grundstücke auf der Liste gab es Probleme. Die angegebene Adresse wurde vom Navi nicht erkannt. Nach längerem Suchen ohne Erfolg, fragte mein Vater einen Mann nach dem Weg. Dieser gab zu verstehen, dass es nicht notwendig sei, sich diesen Ort anzuschauen. Er wisse eine gute Alternative ganz in der Nähe. Ohne zu zögern, startete er sein Auto und deutete meinem Vater durch das offene Fenster, dass er ihm folgen solle. Das Grundstück, zu dem er mit ihnen fuhr, sprach für sich. Das Gespräch mit dem Verkäufer wurde von dem hilfsbereiten Mann wie selbstverständlich initiiert. Die Fotos und die Schilderungen des Ortes lockten meinen Mann Jens und mich alsbald in die Gegend. Es gab keinen Zweifel, das war unser Grundstück. Der Kauf konnte alsbald vorab per Handschlag besiegelt werden. Begeisterung, Lebensfreude, Dankbarkeit. Ein triftiger Grund, den Sektkorken, oder noch besser den Champagnerkorken knallen zu lassen.

Die Erstbesichtigung des Grundstücks fand im Dezember 2011 statt. Den Kaufvertrag haben wir im Herbst 2013 unterzeichnet, als das notwendige Prozedere der Umwidmung abgeschlossen war. Diese Zeitspanne musste mit Geduld und viel Vertrauen unsererseits überbrückt werden. Es hätte ja sein können, dass der Verkäufer sich doch für einen anderen Käufer entscheidet. Die Wahl blieb bei uns, Gott sei Dank. Wir konnten unser Haus im Januar 2016 beziehen.

Sobald der Standort unseres Hauses fixiert war, machte ich mich an die Entwürfe. Das erste Modell von unserem Haus stand bis zum Auszug gut sichtbar in der Wohnung in Wien. Immer wieder erinnerte es uns an das, was kommen würde. Von Zeit zu Zeit stießen wir mit einem Gläschen Wein an und wir versuchten, uns unsere Zukunft als Familie im Haus vorzustellen. Aus Kostengründen wurde der ursprüngliche Entwurf an manchen Stellen vereinfacht, beziehungsweise komprimiert. Im Grunde sitze ich jedoch gerade in dem Haus mit meinem Laptop am Küchentisch, das ich mir vor mittlerweile 10 Jahren erträumt habe.

Zugeben, ich verstehe die Gedanken, die dir beim Lesen eventuell gerade durch den Kopf gehen. Warum erzählt sie mir das? Und meine Antwort darauf lautet: weil so das Leben funktioniert und immer besser wird. Die Geschichte mit dem Haus ist eine von mehreren, die ich dir erzählen könnte. Je kühner meine Visionen waren und je mutiger ich Entscheidungen dafür getroffen habe, desto großartiger waren die Entwicklungen in meinem Leben.

Zu Beginn unseres Traumes von Heim und Familie war alles gut. Wie beim Haus, waren wir uns bezüglich Kinderwunsch ebenfalls einig. Für uns beide fühlte es sich stimmig an, zwei Kinder zu haben. Dem Weg dorthin stand vorerst nichts im Wege. Bilderbuchreif ließ die erste Schwangerschaft nicht lange auf sich warten. Die Aufregung und die Freude waren groß, größer als beim Fund des Grundstücks. In meinem Körper entstand Leben, ich fühlte die Veränderung und das Geschenk darin, Mutter zu werden, ganz früh. Es ist ein ganz besonderer Zauber, den das Teilen der frohen Botschaft mit dem zukünftigen Papa und die ärztliche Bestätigung der Schwangerschaft bei Kinderwunsch in sich birgt. Der Zauber fand jedoch ein jähes Ende. Fehlgeburt. Bislang war ich mit dieser Thematik in keinster Weise in Berührung gekommen und plötzlich traf es mich, uns, ganz unverhofft. Die Freude am Leben war für einen Moment getrübt, die Zeit der Trauer intensiv. Es dauerte jedoch nicht lange und ich wurde zum zweiten Mal schwanger. Eileiterschwangerschaft, Fehlgeburt. Aller guten Dinge sind drei. Fehlgeburt am Ende der 12. Schwangerschaftswoche, obwohl es doch heißt, dass man zu dem Zeitpunkt über dem Berg sei. So sehr hatte ich darauf hingefiebert. Die Erleichterung, die kritische Anfangsphase der Schwangerschaft gut überstanden zu haben, machte sich bereits breit. Doch, da war es wieder, das verdächtige Ziehen im Unterleib. Warum ich dir davon erzähle? Weil ich nicht aufgegeben habe. Weil ich weiter für meinen Traum, Mutter zu sein, gebrannt habe. Weil ich nicht stehen geblieben bin und mich nicht dem schweren Schicksal ergeben habe.

Damals war es eine Kunst, einerseits nicht zu resignieren und den Wunsch aufzugeben und andererseits, nicht meine ganze Kraft in die Thematik fließen zu lassen. Die Balance zwischen Fokus und Loslassen konnte ich nicht immer im gleichen Maße halten. Es gab immer wieder Tage, an denen ich mich fragte: *Warum, warum ich? Was hab ich falsch gemacht? Wofür muss ich büßen?*

Ich beschäftige mich mit dem Thema, holte mir Unterstützung in verschiedenen Bereichen. Das Kramen in meiner Kindheit und das Nachforschen in den Geschichten meiner Ahninnen und Ahnen, brachten an mancher Stelle Licht ins Dunkel. Den Grund, warum ich durch die Erfahrung von drei Fehlgeburten gehen musste, bevor ich meinen Sohn gebären durfte, kenne ich jedoch bis heute nicht. Die vierte Schwangerschaft kam und funktionierte. Ein seltsames Wort in diesem Zusammenhang, ich weiß. Es war wohl ein Schutzmechanismus von mir, mich zeitweise auf die funktionale Ebene der Befruchtung und Einnistung zu beschränken. Dennoch, während der Zeit des Trauerns und der Ungewissheit, wie die Geschichte denn enden würde, hatte ich mehrmals ein klares Gefühl, das mich heute noch beeindruckt und mir somit als Geschenk aus der damaligen Zeit geblieben ist. Was ist es doch für ein Wunder, wenn ein neues Leben entstehen darf! Da ist diese Alltäglichkeit und diese gleichzeitige Selbstverständlichkeit, die in der Natur der Dinge liegt. Der Fortpflanzungstrieb sichert den Fortbestand der Spezies. Aber da ist auch diese Magie der Schöpfungskraft, die viele Komponenten in Einklang bringen muss, um Leben möglich zu machen. Ist es nicht wunderbar, dass dir und mir das Leben auf Erden im menschlichen Körper geschenkt wurde? Ich finde, das muss gefeiert werden.

Um das Thema zum Abschluss zu bringen, möchte ich noch meine persönliche Geschichte zum Thema Kinder fertig erzählen. Mein Sohn Paul kam 2013 zur Welt. Das Gefühl, ihn in meinen Armen zu halten, seinen Atem zu spüren und seinen Herzschlag zu hören war und bleibt unbeschreiblich. Ich habe die ersten Jahre mit ihm sehr genossen. Das Leben war mir wohlgesonnen, ich durfte Mutter sein. Irgendwann begann sich das Gefühl zu verstärken, dass wir als Familie noch nicht komplett seien. Es fühlte sich nicht rund an, nicht fertig. Jens und ich entschieden uns dazu, uns für ein weiteres Kind zu öffnen. Wieder ließ eine Schwangerschaft nicht lange auf sich warten. Fehlgeburt. Erneuter Versuch: Eileiterschwangerschaft. Wir befanden uns erneut im alten Film mit dem Unterschied, dass es diesmal etwas leichter zu ertragen war. Wir hatten ja bereits Paul. Schulmedizinisch wurden uns keine großen Chancen mehr für eine Schwangerschaft eingeräumt. Ein Eileiter musste mir inzwischen entfernt werden, statistisch gesehen schaute die ganze Sache nicht mehr so realistisch aus. Gynäkologen hatten uns Möglichkeiten aufgezeigt, wie für eine intakte Schwangerschaft nachgeholfen werden könnte, und welche alternativen Wege es noch gäbe. Wir ließen das Thema los, erfreuten uns an dem, was wir hatten. Aus der Fülle zu leben macht mehr Sinn, als aus dem Mangel. Ich bin ein Mensch, der versucht, das halb volle Glas zu sehen und nicht das halb leere.

Und da kam er, ganz unverhofft, dieser ganz spezielle Moment. Es fühlte sich sensationell an, und magisch. In dem Augenblick, als es *passierte*, wusste ich ganz genau, dass es passiert war. Wie ein Wunder und gleichzeitig selbstverständlich.

Neun Monate später erblickte Mira das Licht der Welt. Mit ihr erlebte ich meine insgesamt siebte Schwangerschaft. Unsere Tochter brachte eine große Portion an Lebensfeuer, Neugierde und Fülle auf allen Ebenen in unser Leben. Ihre Geburt war meine Initiation in einen neuen Lebensabschnitt. Sie war und ist die Krönung einer wundervollen Zeit der Wandlung, die auch mit Schmerz und Resignation verbunden war. Die Präsenz von Mira und Paul erinnert mich tagtäglich an mein Brennen für das menschliche Sein.

DIE KRIEGERIN UND DER KRIEGER ERHEBEN SICH

„Gehe auf gute Weise. Gehe aufrecht und kraftvoll,
wie es deine Bestimmung ist, für alle Zeit." Angaangaq [1]

Bereits in den Tagen unserer Kindheit machen wir schmerzhafte Erfahrungen. Die meisten Verletzungen, die uns als Erwachsene daran hindern, das Leben zu führen, das wir uns wünschen, haben ihren Ursprung in der Kindheit. Jeder Mensch trägt sein Inneres Kind bis zum Tod mit sich. Zuerst sind es die Eltern, oder andere Bezugspersonen, die sich um das Kind kümmern, solange es noch nicht alleine für sich sorgen kann. Sobald das Kind zum Erwachsenen wird, übernimmt es selbst die Obhut für den Persönlichkeitsanteil des Inneren Kindes.

1 Angaangaq ist ein traditioneller Heiler aus Grönland. Ich durfte ihm 2015 zum ersten Mal begegnen. Sein Sein, seine Herzensweisheit und seine tiefe Verbindung zu Mutter Erde berühren mich tief im Herzen.

Die Herzenskraft weiten und das Innere Kind würdevoll umarmen

Kinder sind rein, zart und unbedarft. Sie sind und sie lassen sein, ohne Urteil. Kind zu sein bedeutet präsent und glücklich zu sein, frei von vorangegangenen Enttäuschungen und frei von Erwartung.

Die menschliche Erfahrung bringt Schwere und Schmerz. Aus der Geborgenheit des Seins begegnen wir bereits mit dem ersten Atemzug dem Drama der Trennung. Die Erfahrung des Getrenntseins prägt uns, begleitet uns auf dem weiteren Weg.

Der Großteil der Menschheit agiert auch im Erwachsenenalter aus dem Inneren Kind heraus. Es ist notwendig, sich aus dem Kindsein „herauszuentwickeln", um reif reagieren und handeln zu können. Was bedeutet es, reif zu sein? Es bedeutet nicht, vernünftig zu sein. Das wird uns in unserer Gesellschaft oft vermittelt. Aus meiner Sicht ist reif zu sein, frei zu sein. Frei von den Eltern, frei von der Gesellschaft, der Religion, der Kultur und all den Erwartungen, die damit einher gehen. Wer frei ist, hat sich von der Idee befreit, gefallen zu müssen. Auch hat man sich von der Last befreit, sich anpassen zu müssen, um dazuzugehören. Der Gedanke, sich durch Fleiß und Nettsein Liebe verdienen zu müssen, ist dann ebenfalls absurd.

So wie die Liebe einfach ist, so ist das Sein jedes Wesens – alles und nichts, unendlich kostbar und das ganz ohne Leistung. Kaum vorstellbar in unserer Gesellschaft, wo alles nach dem Motto *schneller, höher, weiter* läuft und wir uns unaufhörlich weiter in die Superlativen treiben, die irgendwann wohl nicht mehr zu toppen sein werden.

Das Innere Kind birgt das Geschenk der Emotionen in sich. Es erinnert uns an all die Schmerzen, die uns widerfahren sind, um diese zu heilen und uns davon zu erlösen. Viele Menschen identifizieren sich mit ihrem Schicksal, sie definieren sich über die Härte des bereits Erfahrenen, bleiben oft darin gefangen. Es ist jedoch wichtig, weiterzugehen, sich dem Fluss des Seins hinzugeben, um neue Erfahrungen zu machen, egal wie schmerzhaft der bisherige Weg auch war.

Auf dem Weg in das Erwachsensein gibt es zwei Möglichkeiten für dich. Entweder du wirst zur Kriegerin, zum Krieger und brennst für das Leben selbst, für Gerechtigkeit und Balance. Du gehst für all die Träume und Visionen, die du im Herzen trägst. Oder du machst dich zum Opfer, bleibst das kleine Kind, das nicht genügend Beachtung bekommen hat und klein gehalten wurde, und sich einer Welt voller Leid und Begrenzung ausgeliefert fühlt. Dann wird das Leben zum täglichen Kampf.

Lass dich nicht ausbremsen von schmerzhaften Erfahrungen deiner Vergangenheit! Sie fesseln dich an ein Leben voller Angst. Sprenge die Grenzen, die nur in deinem Kopf existieren. Sei Kriegerin oder Krieger und kämpfe für das Leben, die Liebe und die Leidenschaft. Lass dich fallen und gib dich hin, brenne für dein Sein auf Erden. Die menschliche Erfahrung ist die immer wiederkehrende Aufrichtung und Neuausrichtung. Mit jedem Mal wird es tiefgründiger, schöner, bereichernder. Das Leben ist Glückseligkeit und es ist dein Geburtsrecht, dass sich das Füllhorn der Schöpfung über dein Sein ergießt. Fülle hat viele Facetten. Sie hat mehr mit innerem Reichtum, als mit materiellen Gütern zu tun.

**Die Kriegerin und der Krieger stehen aus der Asche der Zerstörung auf,
setzen Grenzen, wo es notwendig ist und sprengen sie,
wenn ihnen der Raum ihrer Realität zu eng wird.**

Es ist die (Selbst-)Liebe, die sie würdevoll und mit Kraft voranschreiten lässt. Sie brennen für die Herausforderung Leben, jeden Tag aufs Neue. Ihre Waffen sind das Wort, wenn es benötigt wird und das Schweigen, wenn es an der Zeit ist. Sie handeln ohne zu zögern, mit Kraft und Fokus, oder sie gehen in den Rückzug, sofern ihre Arbeit getan ist.

Und wenn Fragen auftauchen, wie:

Bin ich genug? Bin ich liebenswert? dann wisse:

Du bist genug und du bist liebenswert,

egal an welcher Stelle in deinem Leben du dich gerade befindest.

Das Einzige, was zählt, ist, dass du gut zu dir selbst bist, dass du authentisch bist und deine Wahrheit lebst. Als Kriegerin oder Krieger gibst du und nur du alleine deinem Leben Sinn. Es geht nicht darum, perfekt zu sein. Es geht schon gar nicht darum, es jemandem Recht zu machen oder gar zu gefallen. Du bist gut, genau so, wie du in diesem Augenblick bist. Sich zu irren und Fehler zu machen ist menschlich. Was ist überhaupt ein Fehler? In der Schöpfung ist nichts falsch. Erlaube es dir, Mensch zu sein und gestehe es auch deinen Mitmenschen zu. Beginne damit, dir selbst und deinem Gegenüber stets mit einem Augenzwinkern und mit Barmherzigkeit zu begegnen. Das Leben ist ein Spiel. Es liegt an dir, ob es eines voller Freude und Erfüllung, oder eines voller Leid und Entbehrung ist.

Gehe mit offenem Herzen, begegne jedem Tag aufs Neue ohne Vorbehalte. Befreie dich von der Angst, erneut verletzt zu werden. Lebendigkeit erschließt sich dir über die tiefe Beziehung zu anderen Menschen. Oft ist das erst möglich, nachdem Versöhnung mit den Eltern geschehen konnte. Der Weg des Kriegers ist frei von Vorwurf. Urteil, Neid, Selbstzweifel und der ständige Zwang, kontrollieren zu müssen, finden keinen Platz in der bunten Welt der Kriegerinnen und Krieger des Herzens.

Für die Liebe brennen und das Leben auskosten

Es gab immer wieder diese Momente der Begrenzung in meinem Leben. Ich fühlte mich als Opfer, gefesselt in den Stricken, die ich mir selbst umgelegt hatte.

Da war diese Idee in meinem Kopf, dass ich unwichtig sei, unbequem und nicht liebenswert. Schon als Kind verurteilte ich mich dafür, dass ich anders war. Ich fühlte mich nicht zugehörig, bestraft vom Leben. Als Jugendliche begann ich mit der Unterdrückung meiner Gabe, nicht Sichtbares sehen zu können. Ich war der Meinung, dass sie genauso wenig in diese Welt passte, wie ich es tat. Eine lange Phase der Unterdrückung meines Wesens fand seinen Anfang. Bis zu dem Tag, an dem ich mich entschloss, mich selbst in der Tiefe kennenzulernen und Wahrhaftigkeit zu verkörpern. Meine Reise zu mir selbst begann. Sie wird wohl bis zu meinem Tod andauern.

Das Thema *Selbstliebe* ist vor allem für Frauen ein großes. Zusätzlich zu den Aussagen unserer Mitmenschen werden wir ohne Pause mit Bildern und Klischees konfrontiert. Es gibt Vorbilder, wie eine Frau auszusehen hat und klare Vorgaben, wie sie zu sein hat; als Tochter, als Partnerin, als Mutter, als Kollegin. Die menschliche Erfahrung hat ganz viel mit einem guten Körperbewusstsein zu tun. Für mich war es einer der bedeutendsten Schritte, mich mit meinem Körper zu versöhnen. Mit allen Kurven und

Macken. Zugegeben, ein paar von den Kilos, die ich seit den Geburten meiner Kinder zugelegt habe, hätte ich gerne weniger. Trotzdem, im Hier und Jetzt kann ich mich im Spiegel betrachten und sagen: *Ich bin okay, so wie ich bin. Ich bin schön!*

Über viele Jahre habe ich mit meinem Körper und auch mit meinen Haaren gehadert. Da war immer dieses *„wenn ich fünf Kilo weniger habe, dann …“*, oder *„wenn meine Haare endlich lang sind, dann …“*. Was dann? Nichts. Mit dem Leben zu gehen bedeutet, im jetzigen Moment zu sein und seinen Körper zu umarmen, so wie er genau in diesem Augenblick gerade ist. Der Moment, in dem die Waffen gegen den eigenen Körper niedergelegt werden, bringt Frieden im Inneren. Energie, die bislang in den Kampf geflossen ist, wird frei und kann an anderer Stelle genutzt werden.

Eine weitere Idee, die mich davor zurückhielt, Entscheidungen für mich und mein Leben zu treffen, war die Angst, jemanden zu enttäuschen. Es gab Gewohnheiten, die ich aus meinem Inneren heraus ablegen wollte, da sie mir nicht mehr entsprachen. Ich habe sie fortgesetzt, um niemanden zu irritieren oder gar vor den Kopf zu stoßen. Manches habe ich beibehalten, um niemandem eventuell Umstände durch meine Neuausrichtung zu bereiten. Klassische Beispiele dafür, dass man seine eigene Wahrheit unterdrückt und sich gegen die Entwicklung entscheidet. Leben ist Veränderung auf allen Ebenen. Und vielleicht war es nicht nur meine Entfaltung, die ich verhindert habe, sondern auch die eines oder mehrerer Mitmenschen.

Was würde die Liebe tun?

Die Antwort auf diese Frage ließ mich Mutter werden. Es ist tatsächlich so, dass ich viele Jahre damit haderte, Mutter zu werden. Ich wollte mir das Glück nicht gönnen, solange meine Schwester nicht in einer Partnerschaft lebte und auch die Möglichkeit hätte, Kinder zu bekommen. Ich weiß, dass das eine nichts mit dem anderen zu tun haben muss. Im vorherigen Schritt wollte ich mich auf keine Partnerschaft mit meinem jetzigen Ehemann einlassen, solange meine Schwester Single war. Der Hartnäckigkeit meines Mannes verdanke ich es, dass ich mich schlussendlich doch darauf einließ, unabhängig vom Beziehungsstatus meiner Schwester. Die Hürde zur Entscheidung für Kinder war etwas größer. Gut, dass ich sie genommen habe. Biologisch gesehen begann die Uhr schon zu ticken. Heute ist meine Schwester stolze zweifache Tante

und das Thema „eigene Kinder" nimmt sie ganz locker. Vielleicht hat sie sich nie so eindringlich mit der Thematik auseinandergesetzt, wie ich mich für sie. Wahrscheinlich.
Als Mama nehme ich mir immer wieder vor, für mich selbst jene Löwenkräfte zu entwickeln, die sich in gewissen Situationen zum Schutz meiner Kinder bündeln und ausdrücken. Es ist selbstverständlich, sich für seine Kinder oder für schwache Menschen einzusetzen. Die Kriegerin steht (auch) für sich selbst und ihren Traum im Herzen ein. Abschließend zur Kriegerin noch ein letztes Beispiel aus meinem Leben. Eine Geschichte, in der ich die Kriegerin, die treibende Kraft der Manifestation, unterdrückt habe, um niemanden zu enttäuschen oder zu überrennen. Seit mittlerweile 13 Jahren war da dieses innere Wissen, dass ich irgendwann selbstständig sein würde. Ich wollte nur mehr das in die Welt bringen, was zu 100 Prozent meinem Wesen entspricht. Ich brannte dafür. Immer wenn ich daran dachte, wie es sein würde, fühlte ich dieses Prickeln in den Fingern und dieses Lodern in meinem Herzen. Die Begeisterung ließ mich tanzen.

Doch da gab es diese Freundin, die sich auf einem ähnlichen Weg befand, wie ich. Sie war 11 Jahre älter als ich, und ich konnte viele Jahre lang die Idee nicht aus meinen Kopf verbannen, dass sie sich vor mir selbstständig machen müsse. Ich könne sie altersbedingt auf keinen Fall in der Selbstständigkeit *überholen*, so meine innere Überzeugung. Während der Arbeit an meiner ersten eigenen Webseite versuchte ich mehrmals, ihr meine Hilfe bei der Erstellung ihrer Seite anzubieten. Mit dem Hintergedanken so zumindest gleichzeitig online zu gehen. Den Gefallen, sich ebenfalls um ihre Internetpräsenz zu kümmern, tat sie mir natürlich nicht. Es dauerte lange, bis ich mich wagte, alleine diesen Schritt nach außen zu gehen. Aus heutiger Sicht absurd, wie ich mich von den Entscheidungen und dem Tempo einer anderen Person zurückhalten ließ. In welcher Form die damalige Freundin heute arbeitet und präsent ist, weiß ich nicht. Wir haben leider keinen Kontakt mehr zueinander.

Heute gelingt es mir, unabhängig mein Ding zu machen. Ich bin es mir wert, frei zu sein von Erwartungen anderer und auch von den Erwartungen mir selbst gegenüber. Alles, was ich mache, kommt aus dem Herzen.
Eine meiner größten Visionen ist es, mit meinen Worten Menschen zu erreichen und zu berühren. Während du diese Zeilen hier liest, bin ich dem, wofür ich gehe und brenne, wieder ein Stück näher gekommen. **Schön, dass du da bist. Ich danke dir dafür, dass du Teil meines Traumes bist.**

DAS ELEMENT FEUER

Wenn wir uns für das Leben entscheiden, brennen wir für das menschliche Sein. Das Element Feuer nährt nach der Fünf-Elemente-Lehre des Daoismus die Erde. Ohne Feuer kein Leben. Die Sonne nährt alles Lebendige auf unserem Planeten.

Das Element Feuer steht für Lebensfreude und Hingabe. Feuer ist eine männliche Energie. Sie steht für Aktivität und Fokus. Hinter der Kraft der Manifestation steht ebenfalls das Feuer. Es ist das Brennen für die Sache. Dort, wo die Leidenschaft liegt, werden Schritte gesetzt, um in die Umsetzung zu gehen. Das Feuer verbrennt, was uns auf dem Weg zur Verwirklichung bremst. Feuer steht auch für Leidenschaft und Ekstase. Feuer ist Sexualität, Körperlichkeit, Sinnlichkeit. Feuer ist Wärme und Geborgenheit. Feuer ist Kreativität. Der Ausdruck in Kunst und Kultur wurzelt im inneren Feuer der Menschen.

Wie bei allen Elementen, darf jedoch die Fülle nicht in die Maßlosigkeit kippen. Zu viel Feuer wird unkontrollierbar, kaum zu bändigen. Das Übermaß kippt in die Kompensation, die Aggression, die Wut und die Selbstzerstörung. Das, was uns im Außen anfeuert und triggert, unterstützt uns jedoch dabei, unsere wunden Punkte zu erkennen und zu heilen. Ohne Feuer kein Leben, doch Feuer im Übermaß richtet sich gegen das Leben.

Es ist das fehlgeleitete Feuer, das die Trennung in unserer Gesellschaft hervorruft. Zorn, Verurteilung und Schuldzuweisung finden ihren Ursprung in verwundeten Inneren Kindern. Oft wird eine klare, auch laute Positionierung mit wahrhaftigem Sein verwechselt. Anders ausgedrückt – oft sind wir der festen Überzeugung stark und authentisch zu sein, auf Grund einer klaren Meinungsäußerung.

Authentizität und Wahrhaftigkeit gehen jedoch nicht einher mit Polarisierung und Verurteilung der anderen Seite. Meinungsäußerung meist schon. Der Unterton des Urteils gegenüber dem alternativen Blick ist meist gut spürbar, sehr oft auch klar kommuniziert. Die subtile Einladung sich doch überzeugen zu lassen oder die unausgesprochene Botschaft der Solidarität *„wir beide verstehen uns“*, lassen in diesem Zusammenhang meist nicht lange auf sich warten. Die Einladung, sich auf dieser Ebene auszutauschen ist die tägliche Versuchung, die uns allen wohl bekannt ist. Es bedarf einiges an Disziplin, dieser zu widerstehen. Es ist ein tiefes Bedürfnis von uns Menschen, gesehen und verstanden zu werden. Sich zusammenzufinden und gemeinsam ein Wir-Gefühl zu entwickeln kann sich wie Balsam für die Seele anfühlen. Oft fehlt aber das Feingefühl zwischen *sich zu verstehen* oder sich *gemeinsam* gegen die andere Seite zu stellen und somit die Spaltung anzuheizen.

So wie das zu viel an Feuer auf Disbalance hinweist, ist auch das Fehlen des Feuers ein Indikator für fehlenden Ausgleich. Burnout und Depression sind inzwischen zu Volkskrankheiten Nr. 1 in der westlichen Welt geworden. Das Ausgebranntsein ist die Konsequenz unserer Leistungsgesellschaft. Der Druck, der auf dem Einzelnen lastet, ist enorm. Die Schnelllebigkeit, die Reizüberflutung und das Bedürfnis, dabei zu sein und nichts verpassen zu wollen, sind Ursachen für übermäßige körperliche Erschöpfung und den Verlust des Lebenssinns. Dass der Akku des Smartphones regelmäßig aufgeladen werden muss, ist selbstverständlich für uns. Dass unserem Körper ebenfalls Energie zugeführt werden muss, das wird oft vergessen. Neben einer guten Ernährung und der Balance zwischen aktiven und passiven Phasen, ist die Bewegung, sowohl für den Körper, als auch für Geist und Seele, eine wichtige Energiequelle. Unsere Batterien regelmäßig aufzuladen, sollte selbstverständlich Raum in unserem Alltag einnehmen.

Beflügelnd für Körper, Geist und Seele ist der Ausdruck von Kreativität. Es ist so wichtig, sich selbst auszudrücken, sein Selbst zum Ausdruck zu bringen. Die Art und Weise, wie wir das machen, liegt ursprünglich in unserer Natur. Singen, malen, tanzen, schreiben, alles Möglichkeiten, mit dem Lebensfeuer in Kontakt zu treten und dieses zu nähren. Oft haben wir bereits als Kinder damit aufgehört, uns so zu zeigen, wie es unserer Natur entspricht. Ein verurteilender Blick, ein höhnisches Lachen oder verletzende Worte führen gern dazu, dass wir unser Feuer nach innen kehren und das, was uns lebendig macht, nicht mehr praktizieren. Zeit, dass wir wieder aus unseren Schneckenhäusern herauskommen und so sind, wie es unserer ureigenen Natur entspricht. Den inneren Impulsen nachzugehen ist unglaublich wichtig. Das Urteil im Außen sollte uns nicht daran hindern, uns voll und ganz zu zeigen. Inzwischen sind wir leider stark konditioniert. Die erste Hürde zum hemmungslosen Selbstausdruck stellt bei den meisten von uns wahrscheinlich der innere Kritiker dar. Lass sie oder ihn reden! Tanze, lache, brenne für das Leben, so als hätte es dich noch nie zuvor verletzt oder enttäuscht.

Hüte und nähre dein inneres Feuer!
Es birgt die Kraft der Verwurzelung und der Transformation in sich.
Das Feuer im richtigen Maß setzt Lebenskraft frei
und bringt Veränderung, wo Veränderung notwendig ist.

Sei Feuer!

8. REIFE

IM LOSLASSEN FREI WERDEN

HERBSTREIFE: ERMÄCHTIGUNG UND INTUITION

Stell dir vor, es ist alles weg, alles. Jegliches Problem, alle Hürden im Alltag, Menschen, die herausfordernd für dich sind. Was bleibt?
Nichts als unendliche Stille.

Stell dir vor, jegliches Problem, alle Hürden im Alltag und Menschen, die herausfordernd für dich sind, hast du selbst in dein Leben gerufen, um zu verstehen und um zu wachsen.

Stell dir vor, du kannst dich entscheiden, etwas als Problem, als Hürde, als Herausforderung zu sehen, oder es einfach wahrzunehmen als das, was es ist. Es ist alles und nichts. Es ist alles, was du darin sehen möchtest. Drama oder Göttlichkeit. Ein ewiger Kampf, oder ein Spiel, eine Achterbahnfahrt mit Höhen und Tiefen. Du entscheidest.

Sei still, lausche. Kann es sein, dass du dich verlaufen hast?
Kann es sein, dass Menschsein gar nicht Leid bedeuten muss?
Sei frei im Geist, sei Schöpfung, SEI.

Halte deinen Geist im Zaum, hör auf,
deinen eigenen Gedanken zuzuhören
und ihnen diese machtvolle Bedeutung zu geben.
Sie entsprechen deiner Erfahrung, deinem Glaubenssystem,
jedoch nicht der Wahrheit in der Essenz.

Sei still und lausche, empfange die Wahrheit in deinem tiefsten Inneren.
Du hast kein Problem, wenn du kein Problem machst.
Du musst nichts überwinden, und schon gar nicht
deine eigene Unzulänglichkeit.
Du darfst dich mit Mitmenschen umgeben, ihnen lauschen,
auf sie reagieren, dich von ihnen be-handeln lassen.

Interaktion ist Mensch-Sein. Gehe respektvoll mit dir selbst um, anerkenne deine Fehler, die nur du dir selbst zuzuschreiben vermagst. Hör auf, die Menschen dazu einzuladen, dir dein eigenes Urteil dir selbst gegenüber zu spiegeln.

Die Stürme, die Wehen, können dich mitreißen, in der Tiefe erschüttern. Solange du es für nötig hältst, solange du es willst und zulässt. Hör deinem Herzen zu und gehe tief in deine Essenz. Begegne deinem Umfeld in deiner wahren Essenz. Öffne die Augen und erkenne das Wunder. Das Wunder in dir und das Wunder in allem was ist. Resoniere mit dem Licht der Schöpfung und alles, was der Schöpfung und der Vollkommenheit nicht dienlich ist, wird dich nicht berühren.

Sei still, lausche und es wird still werden um dich.
Ruhe in deiner Mitte und du wirst zum Auge des Tornados.

Achte gut auf deinen Körper, er ist dein Tempel und darf von dir liebevoll behandelt und gepflegt werden. Er ist Träger und Speicher deiner Schwingung und somit ein Schatz auf Erden. Schwingung alleine verpufft im Nichts, Empfänger und Sender sind Materie mit der Ausrichtung auf die jeweilige Schwingung. Schwingung macht den Großteil allen Seins aus. Die Materie dient als Träger, als Sender und Empfänger von Frequenz.
Leben ist Existenz und Existenz ist Schöpfung. Schöpfung ist Ausdruck der Materialisierung, des Greifbar-Machens, des Lebendig-Machens. Achte auf jeden Gedanken,

jede Intention, die deiner Tat vorangeht. Sie sind die Magneten, die anziehen, was derselben Schwingung entspricht. Betreibe Gedankenhygiene, sei achtsam und schule deinen Geist. Leere deine Gedanken und agiere aus dem Herzen. Verbringe keine Zeit in der Vergangenheit und versuche dich nicht im Erfassen der Zukunft. Sei stets präsent im Hier und Jetzt. Lass vergehen, was dir nicht mehr dienlich ist. Lass die Stille im Nichts entstehen. Lass die Gedanken, all die Einwände des Intellekts, vorbeiziehen. Hat er dir jemals dazu gedient, dir näher zu kommen?

Lerne zu unterscheiden zwischen Wahrhaftigkeit, Tiefe und Blabla. Blabla ist nichtig, gibt vor, die Wahrheit zu sein. Manipulationswerkzeug par excellence, egal, ob das Blabla von dir selbst, oder von einem Mitmenschen kommt. Hör auf, dich selbst zu manipulieren und die Manipulation im Außen wird non-existent. Durchschaue dich im Lauschen. Du wirst wissen, was wahr ist und was dir nur vorgegaukelt wird, zu 80 Prozent kommt es von dir selbst und dem, was du auf Erden erfahren, vielleicht auch nur gehört hast.
Leben ist *Sein* und Leben ist sich Entscheiden, in jedem Augenblick neu. Entscheide dich für die Einfachheit, für die Wahrhaftigkeit und die Essenz. Lass los, was der Intellekt vorgibt, denn er weiß nichts. Er dient dir im Verstehen und Umsetzen der Wahrheit, nicht im Wissen aus deinem Inneren heraus. Leere deinen Intellekt, sei mutig und lass alles fallen, was du bislang gedacht hast zu wissen – über dich, über andere, über das Leben selbst. Urteile nicht, sei. *Willkommen im Jetzt, Willkommen zu Hause.*

Zu Hause angekommen im eigenen Inneren

Der Moment der Ermächtigung, des Zu-Hause-Ankommens ereignet sich meist an einem Punkt des tiefen Schmerzes. Ich durfte auf meinem bisherigen Weg mehrmals tiefer in mir ankommen. Es werden wohl noch Phasen kommen, die mich noch weiter mit mir und meinem Wesenskern in Kontakt bringen werden.

Mein erstes einschneidendes und lebensveränderndes Erlebnis habe ich bereits zu Beginn des Buches geschildert. An einem Tiefpunkt meines Lebens im Alter von 28 Jahren führte mich mein Leben zu einem Schamanen. Er hat mir die Sinne geöffnet und mich über die Schwelle in ein neues Bewusstsein, ein anderes bewusstes Sein, geführt. Der Moment der Ermächtigung durch die Wiedererinnerung an meine Kraft und die Vision, mit der ich auf die Erde kam, war erhebend. Die Glückseligkeit des Augenblicks führte mich jedoch alsbald viel tiefer, als ich es je geahnt hätte.

Mein bisher gelebtes Leben zerfiel buchstäblich vor meinen Augen. Die Welt, die bis zu dem Zeitpunkt meinem Alltag, meiner Wahrheit entsprach, war schlagartig unbedeutend, begrenzend, klein. Das Feld meiner Wahrnehmung hatte sich geweitet, der Blick auf Menschen und Situationen grundlegend gewandelt. Das Schöne daran: Plötzlich war alles bunter und tiefgreifender, interessanter und auch lebenswerter. Der Wermutstropfen an der ganzen Sache: meine Mitmenschen waren nach wie vor in der anderen Welt und konnten mit meinen Schilderungen aus einer anderen Warte nicht viel anfangen. Plötzlich agierten wir in anderen Welten, wie bei einem Computerspiel. Ich durfte den Supertrank trinken, der mich einige Levels nach oben katapultierte in eine mir völlig unbekannte Welt. Eine Welt mit einer anderen Kulisse und bisher unbekannten Abenteuern und Herausforderungen der anderen Art. Anfangs fühlte ich mich dort sehr einsam. All die Menschen, mit denen ich bislang meine Realität geteilt hatte, waren nicht da. Generell merkte ich schnell, dass sich in der neuen Welt viel weniger Menschen aufhielten, als in der, in der ich mich bislang bewegt hatte. Inzwischen, nach mittlerweile 13 Jahren, ist mir diese Welt zu meiner inneren Heimat geworden, in der es immer noch Neues, mir Unbekanntes, zu entdecken gibt. Ich möchte dir von einem sehr tiefgehenden Moment erzählen, der mich an das zurückerinnert hat, was ich bin und was ich in die Welt bringen möchte.

Es war im Spätsommer 2008, einige Wochen nachdem ich meine außergewöhnliche Erfahrung bei der Begegnung mit dem Schamanen gemacht hatte. Im Alltag hatte es sich bereits deutlich abgezeichnet, dass sich der Weg meines damaligen Freundes und der meine immer mehr voneinander entfernten. Aus der Gewohnheit heraus war ich, wie so oft, für das Wochenende mit ihm gemeinsam in seine Heimatgemeinde gefahren. Wie jedes Mal traf sich die Clique Samstag abends, um gemeinsam die nächtlichen Stunden zu verbringen. Zugegeben, ganz zu Hause habe ich mich dabei nie gefühlt. Mein großes Handicap war vor allem, dass ich kaum oder oft gar keinen Alkohol trank. Es liegt in der Natur der Sache, dass man sich irgendwann in einer anderen Welt befand, wenn man als einzige einen deutlich niedrigeren Promille-Status hatte als alle anderen. Dieses mal war es jedoch *anders* anders. Es war mir nicht mehr möglich, dabei zu sein. Ich musste die heitere Runde verlassen. Verloren lief ich durch die dunklen Gassen des Dorfes. Natürlich gab es einen Schlafplatz, der auf mich wartete. Es wäre einfach gewesen, mich zu verabschieden und frühzeitig ins Bett zu gehen. So hatte ich es auch immer wieder gemacht. Diesmal nicht. Da war dieser unendliche Schmerz, nicht verstanden zu werden, nicht dazu zu gehören und keine Heimat zu haben. Ich war rastlos, irrte beinahe orientierungslos im Dorf umher. Es tauchten Bilder vor meinem geistigen Auge auf. Szenen, die den Schmerz der Einsamkeit verstärkten. Inzwischen war die milde Kühle der spätsommerlichen Nacht tief in meinen Körper gekrochen. Ich fror. Das Gefühl der Ohnmacht und der Gefangenschaft im eigenen Leben wurde immer größer. Die Notwendigkeit, mich der eigenen Wahrheit zu stellen, unausweichlich. Die Welt, in der ich mich fast zehn Jahre bewegt hatte, fiel wie ein Kartenhaus in sich zusammen. Für mich war sie nicht mehr länger erreichbar. Was blieb waren innere Leere und diese Einsamkeit, gepaart mit Wut, von Gott und der Welt verlassen worden zu sein.

Inzwischen schmerzten meine Füße. Die schicken Sandalen für Samstagabende stellten sich als falsche Wahl für stundenlange Spaziergänge heraus. Zwei Reibblasen brannten höllisch und zwangen mich dazu, innezuhalten. Ich setzte mich hin. Eine dunkle Ecke bot sich mir als Unterschlupf, der mir Geborgenheit schenkte. Mittlerweile pochte ein Schmerz gnadenlos in meinem Kopf. Seit ich das Lokal verlassen hatte, marterten mich meine Gedanken, die immer lauter wurden. Inzwischen waren diese in Kombination mit dem Kopfschmerz kaum noch zu ertragen. Ich hatte das Gefühl, dem Wahnsinn nah zu sein und schwankte kurzzeitig zwischen der Entscheidung für oder gegen das Leben. Abwechselnd ging mir *„nein, ich will nicht sterben, helft mir"* und *„bitte, lasst mich endlich sterben und erlöst mich von diesem Schmerz"*, durch den Kopf. Es war kalt, es war finster, es war mitten in der Nacht, ich war alleine, meine bisherige Welt funktionierte nicht mehr. Mein Gedankenkarussell drehte sich schneller und schneller: *„Ich habe keine Freunde, meine Beziehung liegt in Trümmern vor mir, niemand kümmert sich um mich, niemand mag mich, das habe ich nicht verdient …"* Mir war schwindelig, ich war mit den Kräften am Ende. Ich wünschte mir einfach nur einzuschlafen, um irgendwann wieder aufzuwachen und zu bemerken, dass das alles nur ein Albtraum gewesen war.

Da war sie plötzlich, diese Kraft, die mich aufstehen ließ. Ich spürte diese starke Präsenz, die mir die Hand reichte und mir zu verstehen gab, dass es nun an der Zeit sei, mich aufzurichten. So, wie ich es damals erleben durfte, als der Schamane für mich gesungen hatte. Wieder war da dieser unglaubliche Energiestrom, der, ausgehend von meinem Steißbein, durch meine Wirbelsäule nach oben stieg. Der Kopfschmerz war weg, die Gedanken zur Ruhe gebracht. Klarheit über die nächsten Schritte war da. Es fühlte sich leicht, selbstverständlich an, diese jetzt zu gehen. Ich hätte in diesem Moment Bäume ausreißen und die Welt umarmen können.

Ein erhebendes Gefühl der Verbundenheit erfüllte mich. Plötzlich war ich wieder richtig und ganz. Das Leben hat Recht, immer. Es lag an mir, mit dem Leben zu gehen, oder mich gegen den natürlichen Fluss zu stemmen. Es braucht Mut, Altbekanntes loszulassen und in das Ungewisse zu gehen. Da war es wieder, dieses Wissen, dass alles, was ich brauche und wissen muss, in mir ist. Es war höchste Zeit, endlich wieder auf meine innere Stimme zu hören. Die Intuition führte mich zurück auf den Weg meines Herzens. Der Pfad führte mich durch meine eigene Dunkelheit, in die Tiefen meines Seins. Ich ging beherzt und ohne Furcht, denn so wird mir die Dunkelheit zum Freund.

DIE HEILERIN UND DER HEILER ERWACHEN

Mit der Entscheidung für das Leben öffnen sich Tore mit Möglichkeiten.
Die innere Heilerin und der innere Heiler werden aktiviert
und bringen die Magie zurück ins Sein.
Die Transformation, die sich im Außen zeigt,
kommt aus dem eigenen Inneren.

Der Archetyp *Heilerin* ist, vor allem in der westlichen Welt, tief verwundet. Das Patriarchat hat die Heilerin kontinuierlich bekämpft und schlussendlich fast ausgelöscht. Der dunkelste Punkt der Menschheitsgeschichte ist jedoch überwunden. Aus allen Ritzen und Ecken dringt die Urkraft der Weiblichkeit hervor. Der Strom der Heilung ist unaufhaltsam, erstreckt sich auf alle Lebensbereiche. Weltweit bereiten wir Menschen uns darauf vor, dass die Männer den Frauen das Zepter übergeben und ihnen somit das kollektive Schicksal in die Hände legen. Heilung ist eine zutiefst weibliche Kraft und ohne Heilung der Verwundungen, die wir uns über die Jahrtausende selbst zugefügt haben, ist die Zukunft der Menschheit ungewiss.

Viele Kriegerinnen des Herzens erheben sich nun für die Schöpfungskraft, die durch sie geboren wird. Ein Großteil der Frauen schreckt jedoch noch vor der unbändigen Kraft der Heilerin im Inneren zurück und unterdrückt diese. Auf der einen Seite ist da dieser große Respekt vor ihrer Macht und die Unsicherheit, wie damit umgegangen werden kann. Auf der anderen Seite sitzt die Angst vor Ketzerei und Verstoß aus der Gesellschaft tief in den Zellen der Frauen verankert.

Auch die Männer haben Hemmungen, sich mit ihrem inneren Heiler zu verbinden. Ihnen macht besonders die Erfahrung zu schaffen, Machtmissbrauch mit ihren Fähigkeiten begangen zu haben. Sie haben Angst davor, manipulativ zu wirken und den eigenen Vorteil, anstelle des Gemeinwohls, zu fördern. Die Menschheitsgeschichte führte es ihnen über Jahrtausende so vor.

Die Heilerin und der Heiler befreien sich aus der Ohnmacht und der Opferhaltung. Sie erheben ihre Stimmen für Balance. Die Heilung im Kollektiv bedarf ein Geben und Nehmen im Einklang auf allen Ebenen. Frau und Mann, weibliche und männliche Qualitäten, Erwachsene und Kinder, Mensch und Natur. Heiler transformieren im alltäglichen Sein. Sie denken neu und handeln alternativ.

Ein wunderbares Beispiel einer kraftvollen Heilerin unserer Zeit ist Greta Thunberg. Als Kriegerin hat sie sich auf den Weg gemacht. Die Welle des Zuspruchs und auch der Empörung, die sie ausgelöst hat, ist heilsam für uns Menschen und absolut notwendig für den Fortbestand unseres Planeten. Besser gesagt gilt die Notwendigkeit uns Menschen. Für uns ist das intakte Ökosystem der Erde überlebensnotwendig. Indem wir unseren Lebensraum zerstören, vernichten wir uns selbst. Das Thema Klimawandel geht uns alle an. Das Sieben-Generationen-Prinzip der amerikanischen Ureinwohner besagt, dass jeder Mensch seine Handlungen mit Bedacht wählen soll, mit Blick darauf, dass auch die sieben zukünftigen Generationen eine lebenswerte Erde vorfinden dürfen.

Es liegt an uns, den eigenen ökologischen Fußabdruck zu verbessern und Nachhaltigkeit zur Selbstverständlichkeit zu machen. Hierbei ist jedoch Achtsamkeit geboten. Greenwashing ist keine Seltenheit. Wie so oft, nutzen Unternehmen Trends, die sie sich gewinnorientiert zu Nutze machen. Es werden bewusst Marketingmaßnahmen gesetzt, die dem Konzern ein „grünes" Image verpassen. Nachhaltigkeit, Fairtrade und Umweltfreundlichkeit bleiben dabei jedoch Floskeln, die nur in einem geringen Maße wirtschaftlich umgesetzt werden. In diesen Zeiten sind wir mehr denn je dazu aufgerufen, wach zu sein und zu prüfen, ob das, was uns erzählt wird, der Wahrheit entspricht.

Nochmal kurz zurück zu Greta Thunberg. Ich denke, es ist höchste Zeit, unser Bild der Heilerin in unseren Köpfen radikal zu ändern. Heilerinnen sind Frauen, die voranschreiten, für Liebe und Balance einstehen, eine Kreiskultur der Ebenbürtigkeit leben und sich nicht länger von Männern vorgaukeln lassen, dass sie weniger wert seien. Heilerinnen sind Frauen, die ihre Töchter und Söhne gleichermaßen behandeln, ihnen auf selber Augenhöhe begegnen und sie als größte Lehrmeister wahrnehmen und unterstützen. Heilerinnen stehen für sich selbst ein, besitzen die Gabe, Grenzen zu setzen und dennoch jedem Menschen mit offenem Herzen zu begegnen. Heilerinnen sind keine verrückten Kräuterhexen oder esoterischen Spinnerinnen. Sie sind überall, viele erkennen sie gar nicht und dennoch sind sie diejenigen, die das kollektive Bewusstsein von der Trennung in die Einheit, von der Linearität in das zyklische Bewusstsein führen. Gemeinsam mit Mutter Erde, der größten Heilerin, wird Schritt für Schritt das Gleichgewicht wieder hergestellt.

Neben den voranschreitenden Frauen und Männern, die an bestehenden Bildern und Traditionen rütteln, ist die Aktivierung der inneren Heilerin und des inneren Heilers in immer mehr Menschen ausschlaggebend für die Veränderung im Kollektiv.

Die eigenen Dämonen erkennen und die Befreiung vom Leid im Inneren finden

Dazu hat mir mein Leben vor vielen Jahren eine eindringliche Lektion erteilt. Es war 2009 und ich begann mich so langsam in den *Anderswelten* wohlzufühlen. Als Anderswelten werden im Schamanismus nicht materialisierte Ebenen bezeichnet, die nur mit dem geistigen Auge wahrgenommen werden können. Viele Menschen gehen davon aus, dass nur ein Trancezustand Zugang zu diesen anderen Welten möglich macht. Dieser Gedanke kann Unbehagen und Angst hervorrufen. Bei mir existieren beide Welten parallel. Ich traue mich zu behaupten, dass es in den letzten Jahren um vieles leichter wurde, sich nicht sichtbare Ebenen zu erschließen.

Mir fällt es nicht schwer, zwischen der offensichtlichen Welt und der scheinbar unsichtbaren Welt hin und her zu wechseln. Besonders einfach gelingt die Aufnahme von

Botschaften aus den Anderswelten im Alphazustand. Ich bekomme die deutlichsten Bilder und auch Aufträge beispielsweise während einer längeren Zeit am Steuer auf der Autobahn. Weitere Sequenzen des Alphazustandes erreichen Menschen kurz vor dem Einschlafen und gleich nach dem Aufwachen. Ich kann bezeugen, dass ich aus diesen Phasen meine hellsten Momente ziehe. Duschen, Walken, Joggen, im Garten arbeiten, alles Tätigkeiten, bei denen sich der Alphazustand früher oder später automatisch einstellt.

Nun aber zu meiner Lektion. Wie gesagt, war ich damals begeistert dabei, mich durch die Anderswelten zu navigieren. Während andere Menschen Computer spielen und sich den Herausforderungen der verschiedenen Levels stellen, erschloss ich mir neue Welten aus meinem Inneren heraus. Ehrlich gesagt war es damals gar nicht so, dass ich immer bewusst in diese Welten eingetreten bin. Das Aufblitzen von Bildern oder Kurzfilmen in meinem alltäglichen Sein ereignete sich häufig. Teilweise fühlte es sich sogar schon nach zu viel für mich an.

Damals war ich frisch verliebt. Der Auserkorene war einige Jahre jünger als ich und, im Nachhinein betrachtet, nicht nur mit seiner damaligen Lebenssituation, sondern vor allem auch mit mir und meiner Gabe zu sehen, überfordert. Einerseits faszinierte ihn die Welt, von der ich ihm erzählte. Meine Schilderungen waren spannend für ihn und schenkten ihm auch Hoffnung. Andererseits war ich ihm gerade deshalb eine Belastung, was er nach wenigen Wochen intensiven Austausches auch klar kommunizierte.

Während unserer kurzen Beziehung, ich finde kein besseres Wort für unseren damaligen Status, hatte ich wiederholt folgendes Bild vor dem geistigen Auge: Ein Vogel in der Rush Hour in Manhattan, New York. Klein und unbeholfen tapst er zwischen den vielen Autos auf dem Asphalt. Er kann sich nicht orientieren, hat sich offensichtlich verlaufen. Autos hupen, Motoren dröhnen und kaum stehen die Autos still, schieben sich Menschenmassen über den Zebrastreifen.

Mir war von Anfang an klar, dass dieser Vogel meinen damaligen Freund repräsentierte. Ich begann damit, mit dem Tier zu kommunizieren. Es gelang mir, den Vogel fürs Erste auf ein Fußballfeld zu locken, damit er sich vom Stress erholen und neue Kräfte sammeln konnte. Es dauerte ein paar Tage, doch ging es stetig bergauf mit dem kleinen Piepmatz. Inzwischen kam mir die Idee, ihm das Fliegen beizubringen. Aus Manhattan wegzufliegen ist definitiv einfacher für einen Vogel, als hopsend das Weite zu suchen. Es klappte. Etwa eine Woche lang nahm ich mir mehrmals täglich Zeit, um mit ihm das Fliegen zu trainieren. Schlussendlich mit Erfolg. Weitstreckenflüge wären noch nicht möglich gewesen, für einen Kurztrip an den Stadtrand reichte es. Der Vogel flog und setzte seine Beine in der Natur wieder auf die Erde. Er wuchs, mit jedem Tag ein Stückchen mehr und eines Tages setzte er an und erhob seine gewaltigen Schwingen in Richtung Berge.

Wie dem Vogel in meinem Film, ging es auch meinem Freund mit jedem Tag etwas besser. Er betonte mehrmals, dass er keine Ahnung habe, was plötzlich mit ihm los sei. Seine Lebenskraft sei zurück, er fühle sich beflügelt und voller Freude, könne Bäume ausreißen. Nach einer Zeit des Staunens und Genießens begann er zu zweifeln, wollte er nicht an „das Wunder" glauben, fühlte sich überrumpelt und… stürzte ab, tief, sehr tief. Genauso, wie der Vogel. Die Berge erreichte er nicht. Nachdem er sich als Adler mit Eleganz hoch in die Lüfte geschraubt hatte, fiel er wie ein Stein ohnmächtig zurück auf die Erde.

Mit dieser Schilderung möchte ich dir den direkten Zusammenhang zwischen der irdischen Welt und den Anderswelten näher bringen und dir von meiner damals gelernten Lektion berichten. Es ist nicht erlaubt, ungefragt „die Welt" eines Mitmenschen zu ändern, auch nicht zu verbessern. Auch wenn die Intention noch so gut ist, Manipulation bleibt Manipulation. Eine bleibende Veränderung wird nur von der inneren Heilerin oder dem inneren Heiler initiiert und vorangetrieben. Außeneinflüsse bleiben unbedeutend, können maximal einen kurzen Höhenflug bewirken, der jedoch früher oder später zum Rückfall führt. Warum? Weil die Erkenntnis fehlt und weil es keine Bitte zur Hilfe gab. Der freie Wille ist immer die höchste Instanz, die zu akzeptieren ist.

Jeder Tiefpunkt im Leben wird über das Erkennen überwunden. Carl Gustav Jung bezeichnet diesen Prozess als Schattenarbeit. Der Schatten steht bei ihm für eine verborgene Seite der menschlichen Psyche. Wenn Jung von Heilung spricht, meint er das Erleben, das Erfahren, die Erkenntnis. In der bewussten Schattenarbeit stellt man sich jenen Anteilen, die abgelehnt, unterdrückt wurden. Solange die Er-Lösung nicht im eigenen Inneren gesucht wird, wird man von jenen Menschen getriggert, die diese abgespaltenen Anteile integriert haben und verkörpern. Wir mögen diese Personen nicht, verabscheuen sie oft sogar. Andersrum vergöttern wir jene Menschen, die für Aspekte stehen, die wir aus falscher Bescheidenheit in unserem Inneren unterdrücken.

Die Heilerin und der Heiler stellen sich ihren Schatten und projizieren die abgespaltenen Anteile nicht mit Urteil ins Außen. Hätte jeder Mensch seinen inneren Heiler aktiviert, gäbe es keine Schuldzuweisung und keinen Streit. Krieg zu führen würde für niemanden Sinn ergeben, da es keinerlei Grund zur Bekämpfung von irgendwas oder irgendwem gäbe.

DAS ELEMENT WASSER

Unsere Erde wird auch der blaue Planet genannt. Mehr als zwei Drittel ihrer Oberfläche sind von Wasser bedeckt, die tiefblauen Flächen sind aus dem Weltall gut sichtbar. Es kann nur auf jenen Planeten Leben geben, auf denen Wasser existiert. Ohne Wasser kein Leben. Die Gezeiten bringen uns die Verbindung vom Wasser mit dem Mond in Erinnerung. Mit jeder Ebbe und jeder Flut wird uns die Balance von Geben und Nehmen, von Fülle und Leere vor Augen geführt. Die Sonne lässt das Wasser verdampfen und in den Himmel aufsteigen. Beim nächsten Regen kehrt es zurück auf die Erde.

Die bahnbrechende Arbeit von Dr. Masaru Emoto brachte das Bewusstsein der Menschen auf das Element Wasser als Speichermedium. Ab den 1990er Jahren führte er Experimente durch, die veranschaulichten, dass Wasser auf Gedanken und Gefühle reagiert. Je nachdem, ob das Wasser mit Positivem, wie Liebe und Dankbarkeit, oder mit negativ Behaftetem, wie Hass und Krieg informiert wurde, zeigten sich die gefrorenen Kristalle des Wassers entweder in absoluter Harmonie oder unvollkommen, zerstört.

Im schamanischen Weltbild hat das Wasser genauso ein Bewusstsein, wie es alle Elemente, jeder Baum, jeder Stein und jede Pflanze haben. Jeder Ort, jedes Gebäude, jedes Projekt, privat oder beruflich, hat ein Wesen. Dieses Buch ist ebenso lebendig. Es ist Speicher meines Bewusstseins, erzählt von meinen Erfahrungen und Erkenntnissen. Auch trägt es all die Momente in sich, die ich als Autorin dieser Zeilen in Verbindung mit dem Werk erfahren durfte. Die Dialoge über die Inhalte, die wohlwollenden Worte und die Segenswünsche meiner Mitmenschen tönen mit und erreichen auch dich in diesem Moment. Die Entstehung des Buches ging einher mit Prozessen in meinem

Inneren. Diese heilsamen Veränderungen schwingen zwischen den Zeilen. Alles in der Welt hat seine Bedeutung und es hat einen tiefergehenden Grund, weshalb gerade du dieses Buch in deinen Händen hältst. Vielleicht gibt es für dich gedankliche Anstöße und energetische Bewegungen, die durch das Lesen initiiert werden.

Neben der Beseeltheit der gesamten Existenz ist auch alles miteinander verbunden. Du bist mit mir verbunden, so wie du es mit den Mineralien, den Pflanzen und den Tieren bist. Selbst mit den Menschen, denen du dich fern fühlst, mit denen du dich in keinster Weise identifizieren kannst, bist du verbunden. Wahrscheinlich bist du ihnen ganz besonders nah.

Jene Menschen, die dir den größten Schmerz zufügen, sind häufig diejenigen, die dich am meisten lieben. Sie stellen sich dir zur Verfügung, um dich tief an deine Schmerzpunkte, deine Schatten, zu führen. Mit einem einzigen Ziel – dich dazu zu bringen, diese zu überwinden beziehungsweise zu integrieren. Das ist wohl einer der Hauptgründe, weshalb gerade unsere Eltern uns oft am meisten verletzen. Auf Seelenebene haben wir einander ausgewählt, um über die Erfahrung zu wachsen. Das Wasser ist uns Spiegel, reflektiert uns unser Inneres und erinnert uns gleichzeitig an das göttliche Bewusstsein, das in uns verborgen ist. Wasser ermöglicht uns den Durchblick, selbst in den tiefsten Tiefen. Es unterstützt uns dabei, uns und unser Leben neu zu definieren und auszurichten. Außerdem steht dieses Element für tiefgehende Heilungsprozesse der Transformation.
Meistens fühlt sich die Zeit der Bewusstwerdung anfangs schmerzhaft an. Aus einer anderen Perspektive betrachtet, kann diese Phase jedoch als Erntezeit bezeichnet werden. Wir ernten, was wir säen. Der Prozess durch die eigene Dunkelheit ins Licht wird initiiert von einem inneren *Ja* zur Weiterentwicklung. An einem Tag, an dem mir das Wasser sprichwörtlich bis zum Hals stand, hörte ich plötzlich eine innere Stimme zu mir sprechen. Folgende Worte bringen noch heute all meine Zellen zum Vibrieren:

> *„Du kannst schwimmen und wenn du bereit bist, kannst du auch tauchen.*
> *Tauche mit offenen Augen tief hinunter, lass dich bis an den Meeresgrund*
> *fallen. Dorthin, wo es dunkel ist, weil das Tageslicht nicht hinreicht.*
> *Du wirst erfahren, dass du auch in der Dunkelheit sehen kannst.*
> *Und du wirst bemerken, dass dir die Luft zum Atmen gegeben ist,*
> *weil du vertraust und dich mutig in die Tiefen deines Seins begibst."*

9. TIEFE

SCHÖPFEN AUS DER STILLE

WINTERRUHE: STILLE UND VERBUNDENHEIT

Zeit loszulassen. Konditionierungen, Gewohnheiten, Traditionen, Dinge,
die ich nicht mehr benötige, Kompensationen, energetische Verstrickungen
und Opferrollen.

Alles, was mir auf dem Weg in meine volle Kraft nicht dienlich ist, lasse ich los.
Denn die Reise der Existenz auf Erden geht mit dem Rhythmus des Lebensrades.
Das Rad des Lebens dreht sich immerwährend im Feld der Unendlichkeit.
Lerne das Rad des Lebens zu verstehen, integriere es in dein Sein.
Lass es zu deiner Medizin werden, zu deinem Lehrer und zu deinem Heiler.

Bring mit jedem abgeschlossenen Zyklus immer mehr Heilung in dein Sein.
Bring mit jedem abgeschlossenen Zyklus immer mehr Weisheit in dein Sein.
Bring mit jedem abgeschlossenen Zyklus immer mehr Freiheit in dein Sein.

Wisse, deine Mutter, Gaia, war, ist und
wird immer für dich und all ihre Kinder da sein.

Wisse, die Elemente Erde, Feuer, Wasser und Luft waren,
sind und werden immer für dich und alle Erdenkinder da sein.

Wisse, du bist Göttlichkeit in Menschengestalt.
Lass sie los, die Idee der Trennung.
Spüre die Verbundenheit, jetzt!

Diesseits und Jenseits in tiefer Verbundenheit

Während ich diese Zeilen tippe, sitzt meine Großmutter mütterlicherseits zu meiner Rechten. Sie hat sich immer wieder zu mir gesellt, während mein Buchprojekt wachsen durfte. Inzwischen bin es gewohnt, dass sich Seelen aus dem Jenseits an meine Seite gesellen. Es gab einen Verstorbenen, der mich kurz nach seinem Tod darum bat, für seine Frau und die Kinder in der Zeit des Abschieds und der Trauer da zu sein. Damals war ich 15. Seine hartnäckige Präsenz während ich am Schreibtisch saß, um meine Hausaufgaben zu erledigen, zwang mich dazu, mit ihm in Kommunikation zu treten. Ich konnte mich schwer auf meine Schulbücher konzentrieren. Sein bohrender Blick im Nacken lenkte mich zu sehr ab. Irgendwann konnte ich mich nicht mehr zurückhalten. Ich drehte mich ruckartig zu ihm hin und es platzte aus mir raus: *„Was willst du hier?"* Mit ruhiger Stimme dankte er mir vorab für die Möglichkeit zum Austausch, danach sprach er seine Bitte aus mit dem Nachsatz: *„Du kannst das. Sei einfach nur da, das reicht. Es ist nichts zu tun."*

Während der Übernachtung bei einem Freund in Wien, gemeinsam mit einer Freundin, offenbarte sie mir früh morgens empört, dass sie keine weitere Nacht mehr in diesen Räumlichkeiten verbringen werde. Zu viele russische Soldaten störten ihren Schlaf. Ich ging ins Zimmer, in dem sie geschlafen hatte, und schaute nach. Sie hatte Recht. Mindestens ein Dutzend Männer in dicken Wintermänteln und Pelzkappen lagerten dort. Ich weiß nicht, weshalb bei uns beiden sofort die Assoziation mit Russland da war, auch nicht, warum es den Herren wichtig war, sich uns so zu zeigen. Was jedoch Fakt ist: Der Wiener Gemeindebezirk, in dem sich die Wohnung befand, war in der Nachkriegszeit Teil der sowjetischen Besatzungszone.
Sowohl mein Großvater, als auch meine Großmutter väterlicherseits erschienen mir wenige Tage vor ihrem Tod, um mir Bescheid zu geben, dass sie bald gehen würden.

Obwohl Tote auf der *anderen* Seite sind, bleiben sie meist in Verbindung mit der Erde. Manchmal wollen sie auch den Kontakt zu ihnen nahestehenden Personen aufrechterhalten. Oft halten sie sich vor allem in der Gegend von Menschen auf, von denen sie wissen, dass sie von diesen wahrgenommen werden können. Das hat nichts mit Angstmache oder Spuk zu tun. Meist ist es eine Botschaft, die sie Hinterbliebenen mitteilen wollen. Manchmal möchten sie auch ihre Erkenntnisse mit Menschen im Diesseits teilen, die sie nach dem Tod erlangt haben.
Weil die Präsenz von Verstorbenen doch vielen Menschen Unbehagen bereitet, möchte ich auch von anderen feinstofflichen Wesen erzählen. Im Schamanismus spricht man beispielsweise vom Krafttier oder vom Pflanzengeist. Sie können gerufen werden und unterstützen in speziellen Lebenslagen. Gläubige bitten gleichermaßen Engel und Heilige um Hilfe. Dabei wissen sie meist genau, wer für welchen Bereich zuständig ist. In Momenten der Verzweiflung werden oft auch Jesus Christus oder Mutter Maria gerufen, um ihnen das Herz auszuschütten. Ihre Präsenz beruhigt und gibt das Gefühl der Verbundenheit.

Es ist ein kosmisches Gesetz, dass der freie Wille der Menschen oberste Instanz ist. Die aktive Bitte um akute Hilfe oder auch langfristige Unterstützung ist deshalb unabdingbar. Umgekehrt ist es auch wichtig als Mensch, der gerne seine Gaben zur Verfügung stellt und hilft, nur zu unterstützen, wenn er darum gebeten wurde. Das habe ich im letzten Kapitel schon erwähnt. Der Vogel im Traum konnte mit meiner Hilfe fliegen, doch stürzte er nach einem Höhenflug kläglich in die Tiefe.

Ich möchte dich an dieser Stelle daran erinnern, dass du nicht alleine bist. Hinter dir stehen deine Ahninnen und Ahnen und stärken dir den Rücken. Dein Schutzengel ist da, wenn du ihn brauchst und wenn du Lust hast, lausche den Weisheiten der Bäume, der Steine und der Elemente. Denn alles ist lebendig und freut sich, mit dir in Verbindung zu gehen.

Zu Beginn meines schamanischen Weges schickte mich meine damalige Lehrerin frühmorgens bei Dämmerung hinaus in die Natur. Sie gab mir eine Aufgabe mit auf den Weg: *„Finde dein Lied.“* Anfangs spürte ich nur den kühlen Morgentau auf dem knöchelhohen Gras, der unangenehm durch meine Schuhe drang. Ich ärgerte mich darüber, dass ich mich gegen den dicken Pullover und gegen die Wollsocken entschieden hatte. Doch irgendwann fanden das Grübeln und der Ärger ein Ende. Ich kam an einer Waldlichtung an. Ein kleiner Bach begrüßte mich mit seinem Plätschern und ein rund geformter Stein direkt am Ufer des Wassers forderte mich dazu auf, auf ihm Platz zu nehmen. Inzwischen war die Sonne auch schon etwas stärker geworden und hatte die frühmorgendliche Dämmerstimmung und die Kühle verdrängt.

Der Stein, auf dem ich es mir gemütlich gemacht hatte, strahlte eine große Ruhe aus und brachte auch meine letzten Gedanken zum Schweigen. Ich erinnerte mich an die Worte meiner Lehrerin: *„Geh los und finde deinen Ort, an dem sich dein Lied dir offenbaren möchte."* Mir war klar, dass ich ihn schon gefunden hatte und ich lauschte in die Stille. Anfangs etwas angestrengt und eine Botschaft fordernd. Es dauerte eine Weile, bis mein ruhiger Atem mich in eine Gelassenheit führte. Ich ließ Vorstellungen los und hörte gleichzeitig auf zu warten. Dieser innere Prozess des Loslassens war notwendig, um offen und frei zu sein. Nur so konnte die Natur mit mir kommunizieren.

Zuerst war es das Klopfen eines Spechtes in der Ferne, das mir den Takt meines Liedes vorgab. Danach legte der Gesang einer Amsel zaghaft, aber doch deutlich, eine sanfte Melodie darüber. Das Geräusch des fließenden Wassers stimmte schlussendlich auch noch mit ein. Worte kamen mir in den Sinn, die sich schließlich zu Phrasen zusammenfügten. Eine wunderbare Botschaft, die mein Lied in sich trug. Die Melodie entpuppte sich als wahrer Ohrwurm.

Nachdem ich das Gefühl hatte, dass das Lied fertig war und ich alles empfangen und umsetzen konnte, machte ich mich auf den Heimweg. Inzwischen war es mir zur Selbstverständlichkeit geworden, mich beim Stein, dem Bach, der Sonne und den Tieren, allen Wesenheiten des Ortes, der mich so liebevoll aufnahm, für die Unterstützung und das Gefühl der Verbundenheit zu bedanken. Heute bringe ich oft Gaben wie Tabak, getrocknete Rosenblütenblätter oder Nüsse für die Naturwesenheiten mit, die ich als Geste der Dankbarkeit zurücklasse.

Auf dem Rückweg zeigte sich mir der beinahe volle Mond. Ein magischer Moment. Es fühlte sich so an, als wäre damals eine tiefe Herzensverbindung zwischen mir und Großmutter Mondin, wie sie von Schamanen oft genannt wird, aufgebaut worden. Sie besteht bis zum heutigen Tag. Im Laufe der Jahre hat sie sich sogar deutlich verstärkt. Es gab mehrmals Nächte, die ich auf Grund von belastenden Situationen schlaflos verbrachte. Erst als ich dem Impuls nachging, aufzustehen und mich nicht länger im Bett zu wälzen, sondern ins Freie zu gehen, durchbrach ich die verfahrene Situation.

Der Blick in den nächtlichen Himmel schenkt mir immer wieder Weitblick und lässt mich über die unendliche Schönheit des Himmelszeltes staunen. Demut erfüllt beim Anblick mein Herz. Die Präsenz der Mondin gibt mir Zuversicht und meist auch die Möglichkeit, nach ein paar tiefen Atemzügen ruhig einzuschlafen. Immer wieder magisch.
Eine besondere Situation voller Magie durfte ich in meinen jungen Jahren im Urlaub am Meer erleben. Noch heute staune ich über das Erlebte und es passt gut, an dieser Stelle davon zu erzählen. Stille, Verbundenheit, Vertrauen und Loslassen. Qualitäten des Winters, die ich bei 40 Grad im Schatten nahe Split an der dalmatinischen Küste erfahren durfte.

Es muss 2004 gewesen sein, als ich gemeinsam mit meiner Schwester und einer Freundin Urlaub in Kroatien machte. Wir waren damals Anfang bis Mitte Zwanzig und für jedes Abenteuer zu haben. Der Opel Corsa, mit dem wir uns auf den Weg machten, war vollgestopft mit Gepäck. Der Großteil der Rückbank musste ebenfalls für Taschen und diverse Reiseutensilien geopfert werden. Die schmalste von uns dreien, musste einen kaum erkennbaren Reststreifen ihren Sitzplatz nennen und dort für die Autofahrt ihren Platz einnehmen. Das Wetter war bilderbuchreif, die Musik im Auto gut und unsere Stimmung dementsprechend entspannt und ausgelassen. Für mich war es nach langer Zeit der erste Urlaub am Meer.

Wir genossen unsere Zeit, verbrachten viel Zeit am Wasser, machten schöne Ausflüge mit dem Auto, führten inspirierende Gespräche und aßen gut. Die Woche verging wie im Flug und als sich unser Urlaub langsam seinem Ende zuneigte, passierte es.

Es war der erste Tag, an dem ich das Steuer am Auto übernahm. Der Corsa war das Heiligtum meiner Schwester. Es war mir eine Ehre, ihn nun auch mal fahren zu dürfen. Wir waren auf der Rückfahrt und hatten nur noch den letzten Anstieg bis zu unserer Pension zu überwinden. Voller Freude am Erlebten, hatte ich völlig vergessen, was uns der Vermieter bezüglich Anfahrt gesagt hatte. *„Schwung nehmen und ohne zu kuppeln die Kurve in die Hauseinfahrt nehmen"*, hatte er uns ans Herz gelegt. Meine Schwester hatte die Tage zuvor den Tipp beachtet und alles lief glatt. Als ich mich als Lenkerin auf die letzten Meter stürzte, wurde mir erst beim Bergauffahren bewusst, wie steil die Zufahrt wirklich war. Schwung hatte ich, doch war ich etwas zu flott dran. Instinktiv bremste und kuppelte ich an der Stelle, als wir auf Höhe unserer Pension angekommen waren.

Es zeigte sich schnell, weshalb der Tipp des Vermieters nicht nur hilfreich sondern beinahe überlebensnotwendig gewesen war. Ich hatte keine Chance. Der Untergrund war zu abschüssig und zu glatt, um erneut anfahren zu können. Nach unzähligen Versuchen gab ich auf und verfolgte Plan B. Rückwärts rollen und auf die Küstenstraße einbiegen, um dann erneut von unten zu starten. Ich sah die T-Kreuzung im Rückspiegel immer näher kommen. Den Großteil der Spiegelfläche nahm jedoch das blau schimmernde Meer ein, das auf der Außenseite der Straße, in die ich einbiegen wollte, Wellen ans Ufer schlug. Erst jetzt wurde mir der Ernst der Sache so richtig bewusst. Sollte mir das rechtzeitige Abbiegen nicht gelingen, würde ich uns, inklusive PKW, rücklings in der Adria versenken. Vorsichtshalber schlug ich das Lenkrad früh genug ein. Mit dem Ergebnis, in einer Gartenmauer kurz vor der Kreuzung stecken geblieben zu sein.

Bis ich die Situation voll erfasst hatte, war bereits das halbe Dorf um unser Auto geschart. Ältere Frauen, die die Hände über dem Kopf zusammenschlugen, wild und für uns unverständlich kroatisch vor sich hin murmelten. Meine Mitfahrerinnen hatten inzwischen das Auto verlassen, um sich die Sache von außen anzusehen, oder besser, um möglichst schnell das sinkende Schiff zu verlassen. Der Kapitän bleibt bis zum Schluss. Ja, so machte ich es. Die Versuche, mich irgendwie aus der prekären Situation zu erlösen, scheiterten. Ich ließ die Idee, die Sachlage ändern zu können, los. Meine Schwester hatte inzwischen wutentbrannt den Tatort verlassen. Sie war sich mittlerweile sicher, dass ihre Olivia, so nannte sie ihr geliebtes Auto, ein trauriges Dasein am Meeresgrund fristen müsse. Ich war mir zu diesem Zeitpunkt nicht sicher, ob es eventuell besser sei, die Fenster des Autos oben oder unten zu lassen.

Ich sinnierte vor mich hin, was denn nun der nächste sinnvolle Schritt sein könnte, und ob es möglich wäre im Falle des Falles denn rechtzeitig aus dem Auto zu springen. Parallel versuchte ich eine realistische Kostenschätzung für die fällige Schadenssumme anzustellen, als plötzlich vor meinem inneren Auge ein junger Mann Ende Zwanzig in Jeans und weißem T-Shirt aufflackerte. In gewisser Weise hatte er Ähnlichkeit mit James Dean. Er kam schnellen Schrittes auf das Auto zu, ging direkt auf die Fahrerseite, quetschte sich zwischen Mauer und Auto, öffnete die Türe so weit es ging und gab mir zu verstehen, dass ich aussteigen und ihm den Platz überlassen solle.

Die Aufregung der kroatischen Frauen und vor allem die eindringliche Stimme einer von ihnen, die in die Ferne rief, um ihrer Freundin zu verstehen zu geben, dass es hier was zu sehen gab, riss mich aus meinem Tagtraum. Die Damen waren inzwischen ungehalten, forderten Aktion von mir. Ich war nachhaltig verzaubert vom Retter im weißen Shirt und irgendwas in meinem Inneren sagte mir, dass er bald kommen werde, um diese Geschichte zu einem guten Ende zu bringen. Gleichzeitig bemerkte ich, dass meine Aufregung und die damit verbundenen wirren Gedanken wie weggeblasen waren. Zuvor realistisch anmutende Horrorszenarien, die ich mir in meinem Kopf ausgemalt hatte, fühlten sich plötzlich realitätsfern an. Die Zeit verging. Fünf Minuten, zehn Minuten. Es waren elf Minuten vergangen, die ich tapfer und überzeugt vom Happy End stoisch im Auto verharrte, ungeachtet, was rund um mich geschah. Ich hatte auf die Uhr geschaut, nachdem mir eine Stimme in meinem Inneren wiederholt: *„In circa 10 Minuten"* zuflüsterte.

Da kam er! Tatsächlich! In Jeans und mit weißem T-Shirt bekleidet. Er kam schnellen Schrittes auf das Auto zu, ging direkt auf die Fahrerseite, quetschte sich zwischen Mauer und Auto, öffnete die Türe so weit es ging und gab mir zu verstehen, dass ich aussteigen und ihm den Platz überlassen solle.

So machte ich es. Nicht besonders elegant, aber ziemlich schnell, kroch ich über den Beifahrersitz ins Freie. Kaum hatte ich mich gefasst und umgedreht, war das Auto bereits in Bewegung und auf dem Weg zum Parkplatz unserer Pension. Nicht nur bei mir, auch bei den Augenzeuginnen war deutliche Erleichterung spürbar. Die Frauen verwickelten mich für einen Moment in ihr Gespräch. Als ich schlussendlich den Parkplatz erreichte, auf dem Olivia, meine Schwester und Karla schon auf mich warteten, war mein Retter bereits vom Erdboden verschwunden. So plötzlich er aufgetaucht war, so schnell war er auch wieder weg. Es gab nicht einmal die Gelegenheit, mich bei ihm zu bedanken.

DIE KÖNIGIN UND DER KÖNIG BESTEIGEN IHREN THRON

Eine Königin und ein König sind sich ihrer Macht bewusst.
Sie regieren über ihre Körper, sie regieren und reagieren in ihrem Leben.
Wirklich zu leben, bedeutet mächtig zu sein – Schöpfungskraft lebend.

Gott hat uns als Ebenbild seiner selbst geschaffen. Er hat uns mit der Kraft der Schöpfung auf Erden beschenkt.
Es ist nicht einfach anzuerkennen, dass wir selbst diejenigen sind, die Verantwortung tragen für all unser Handeln, für all unser Sein. Unser Weg auf Erden ist der Pfad der Rückerinnerung an die eigene Vollkommenheit durch die Erinnerung an die Kraft der Schöpfung im eigenen Inneren.

Königin und König kennen die Gesetze des Lebens, sie respektieren die Zyklen, den Kreislauf des Seins. Aus der Fülle schöpfen sie Kraft, in Dankbarkeit begegnen sie dem Geschenk Leben. Sie nehmen das Leben selbst, sich und ihre Macht in Demut an. Mit dem Gewahrsein, dass wahrhaftig mächtig zu sein bedeutet, zu dienen.

Ermächtigung bedeutet Ent-Opferung, bedeutet Verantwortung für die Kostbarkeit Leben zu übernehmen. Im königlichen Sein wird Schöpfung zelebriert. Alle Ressourcen, die uns Gott zur Verfügung gestellt hat, werden integriert und zum Ausdruck gebracht. Im respektvollen Umgang der Schöpfung gegenüber. Regenten erkennen die Zeiten der Aktivität, in denen sie sich verschenken und die Macht und das Wissen der Manifestation versprühen.

Königin und König ehren ihre Macht und achten auf ihre Kraft. Sie agieren im Außen, wenn es gefragt ist, sie kehren sich dem eigenen Inneren zu, wenn es dafür an der Zeit ist. Sie handeln strategisch, verbinden Herz und Verstand, denn sie wissen: Ein starker Körper, ein klarer Geist und eine heile Seele stehen im Dienste der Menschheit. Es ist Zeit, wieder zu Königinnen und Königen zu werden. Zeit, unsere Throne zu besteigen, zum Wohle aller.

Königin, erkenne dich!

Es ist nun die Aufgabe der Frauen, an die Königin in ihrem Inneren zu glauben und würdevoll erhobenen Hauptes die Machtposition im eigenen Reich zu übernehmen. Auch ist es an der Zeit, dass weibliche Qualitäten wie Mitgefühl, Intuition, bedingungslose Liebe und Respekt gegenüber allem Sein federführend die Ruder in allen Bereichen auf Erden übernehmen. Nicht, um die führenden Männer zu entthronen, sondern um das natürliche Gleichgewicht auf Erden wieder herzustellen.

König, wach auf!

Jene Männer, die momentan die größte Macht auf Erden besitzen, sind aus meiner Sicht keine Könige. Wahre Könige halten Yin und Yang in ihrem Inneren in Balance. Könige sitzen neben ihren Königinnen auf dem Thron, ihnen ebenbürtig, wissend, dass sie ihre Beschützer sind. Wie bei einer Geburt. Die Frau gebiert und lässt all ihre Kraft, wie Präsenz in den Geburtsprozess fließen. Der Mann hütet das Feld und bewahrt das Feld der Frau und des jungen, zarten Lebens. Er macht der Frau durch seine Präsenz die Hingabe und das Fallenlassen ins Urvertrauen möglich.

Im Laufe der Menschheitsgeschichte haben sich die Männer zu Tyrannen entwickelt. Das weibliche Geschlecht wurde nicht als wichtig und behütenswert angesehen, sondern entweder als konkurrierende Bedrohung, oder als Gegenüber mit minderem Wert betrachtet. Die Intuition und die Fähigkeit der Seherin bereiten Männern Angst. Vor allem, wenn sie selbst keinerlei Zugang zu ihrer weiblichen Seite haben. Somit fehlt ihnen die Möglichkeit der Kontrolle. Es ist ein natürlicher Mechanismus. Das, was einem nicht zugänglich ist, entweder zu fürchten, oder es zu verniedlichen und ins Lächerliche zu ziehen.

Der Tyrann wurzelt im *kleinen Prinzen*. Jedes männliche Wesen wird im patriarchalen System bei der Geburt zum Prinzen gekrönt. Es ist eine Verantwortung, die die Huldigung des Geschlechts mit sich bringt. Erwartungen von außen drücken auf das Gemüt des kleinen Jungen. Er möchte Kind sein dürfen, weibliche Qualitäten wie Sanftmut, Liebe und Intuition leben und gleichermaßen zum Ausdruck bringen. Der Rolle des auserwahlten, starken Geschlechts gerecht zu werden, fordert jedoch den Tribut der Unterdrückung des eigenen Weiblichen im Mann.

Auch der Irrglaube, dass es nur einen Thron gibt, den entweder die Frau oder der Mann besteigen darf, ist Illusion. Frau und Mann dürfen sich erheben und den weiblichen wie den männlichen Pol im Inneren gleichermaßen würdigen. Die Begegnung auf Augenhöhe und das Einnehmen der rechtmäßigen Plätze ebnen den Weg in den Frieden auf Erden.

Sag mir, wer ich bin

2008 erkannte ich mich, ich kam meiner Essenz näher und machte mich auf den Weg mit dem Ziel, die zu werden, die ich eigentlich bin. Mir wurde klar, dass ich bedeutsam bin, dass ich Licht bin. Ich sah mich als Heilerin in tiefer Verbundenheit mit den Pflanzenmedizinen des Amazonas. Ich sah mich als alte Weise in Sibirien und als Hexe im rauen Mittelalter, ausgeliefert, auf dem Weg ins Feuer der Verdammnis. Was eindrucksvoll blieb, ist der goldene Fußabdruck, den ich mit jedem Schritt auf Erden hinterließ. Ich erzähle dir davon, weil auch du einen goldenen Fußabdruck hinterlässt, weil auch du bedeutsam bist, weil auch du Licht bist. Ermächtige dich! Besteige deinen Thron und begib dich auf deinen ureigenen Herzensweg. Es braucht die Entscheidung zur Macht, das *Ja* zur Göttlichkeit in Menschengestalt.

Du selbst musst dich erkennen, hindurch schauen durch die Schleier des Vergessens. Nur du kannst dich wieder ins wahre Licht rücken. Wenn du dich erkannt hast, bist du frei.

Die Bilder und Visionen der Frauen aus anderen Zeiten ließen mich damals nicht mehr los. Die Frauen, die ich sah, waren mir zutiefst bekannt und dennoch fremd. Sie waren stark, klar und fokussiert. Sie hatten sich vom alltäglichen Drama verabschiedet, sind würdevoll mit den Wogen des Lebens gegangen, königlich geschritten. Aus ihnen sprach die Stimme Gottes. Sie wussten, indem sie nichts wussten. Das Einzige, das sie wussten war, dass es ihre Aufgabe war, aus dem Herzen zu leben. Sie waren angebunden, im ständigen Austausch mit ihren Spirits. Sie lauschten und lernten sich selbst zu durchschauen, mit jedem Atemzug ein wenig mehr. Sie waren schlau, manchmal tricksten sie sich selbst aus und verwehrten sich dadurch wichtiger Lebensaufgaben. Sie blieben barmherzig sich selbst gegenüber, denn sie wussten – der freie Wille ist das höchste Gut der Menschlichkeit. Zeit ist zeitlos, unbedeutend im immerwährenden Lauf der Existenz.

Es war deutlich zu spüren, ich wusste es, dass ich mit der Weisheit all dieser Frauen kraftvoll verschmelzen konnte. Es war mir möglich, mir ihre Erfahrungen und Erkenntnisse zum kostbaren Gut zu machen. Es kam in Wellen, oft in Verbindung mit Schmerzen. Kopfschmerzen, die mich wiederholt an die Grenzen brachten, gnadenlos, stundenlang, manchmal tagelang. Ich zog mich zurück in die Dunkelheit, immer und immer wieder. Wenn die Hingabe gelang, war es erträglich. Wenn ich mich gegen den Prozess stemmte, wurde es grenzwertig, unmenschlich. Ich habe so manche Tode durchlebt, mit jeder Zelle meines Körpers gefühlt. Manchmal durfte ich Zeugin eines Begräbnisses sein, bei dem sich Ego-Fragmente unspektakulär sanft, aber eindringlich, verabschiedeten. Die Bilder waren klar, der Interpretationsspielraum schmal. Puzzleteile setzten sich über viele Jahre zu einem stimmigen Gesamtbild zusammen, das eigentlich bereits von Anbeginn klar war.

Noch immer bin ich erstaunt darüber, welch präzise Informationen ich über mich und meinen Seelenweg erhielt. Sogar Beweise schenkte mir das Leben. Vorahnungen und Seelenbegegnungen, die Versprechen aus anderen Inkarnationen erfüllten. Fakten, an denen nicht zu rütteln war. Sie wurden mir zu Geschenken, die mich in ein immenses Urvertrauen mir selbst und dem Universum gegenüber brachten. Dennoch dauerte es Jahre, bis ich es wirklich glaubte, halten konnte, lebte.

Davor wünschte ich mir nichts sehnlicher, als erkannt zu werden. Ich ging zu Schamaninnen und Schamanen, zu Heilerinnen und Heilern mit der Hoffnung, dass sie mir sagen würden, wer ich bin. Die Sehnsucht nach Anerkennung, nach dem Erkannt-Werden war groß. Ich stellte es mir besonders vor. Ja, ich wollte besonders gemacht werden. Ein Schatten, der mich lange die Suchende bleiben ließ. Es ist ein Trugschluss, dass man gesagt bekommen muss, wer man ist, um zu der oder dem werden zu können, die/der man eigentlich schon lange ist. Jede und jeder darf sich selbst erkennen und ohne Befugnis von Außen authentisch sein.

Nur du selbst kannst dich zur Gänze erkennen.
Wenn du dich selbst erkannt hast und bereit bist,
deine Essenz zu leben, wird diese auch im Außen gesehen werden.

Der Weg ins eigene Licht, in die Position der Königin oder des Königs, ist eine Entscheidung. Wenn wir aus vollem Herzen dazu bereit sind, den königlichen Weg zu gehen, dann gibt es kein Zurück mehr. Masken fallen, Widerstände lösen sich auf, nichts ist mehr so, wie es war. Wir geben unserer Urkraft die Befähigung, mit uns und durch uns zu wirken. Wir werden machtvoll und agieren weise.

DAS ELEMENT LUFT

Das Element Luft steht für Klarheit, Freiheit und Verbundenheit. Luft schenkt Veränderung und Inspiration. Das Element ist nicht sichtbar und dennoch überall präsent. Winde bringen Bewegung in die Stagnation. Manchmal ist die Veränderung, die bereits in der Luft liegt, dem Auge lange verborgen. Auch in der Stille wird die Luft geatmet. Ohne Atem kein Leben.

Wir Menschen atmen ein, was die Bäume ausatmen. Die Bäume atmen ein, was die Menschen und Tiere ausatmen. Das Luftelement verbindet. Es kräftigt die Anbindung an die Schöpfungskraft. Der Mensch ist tief verwurzelt mit Mutter Erde und gleichzeitig angebunden an die unendliche Weite des Kosmos. Aus dem Kosmos erreichen uns Inspiration und Erkenntnis. Bereits der Naturwissenschaftler und Nobelpreisträger Albert Einstein sprach von einer *Kosmischen Religion.*

> *„Was immer es in der Welt von Gott und dem Guten gibt,*
> *muss sich durch uns auswirken und ausdrücken.*
> *Wir können nicht danebenstehen und Gott die Arbeit machen lassen.“* [1]

Mit diesen Worten drückte Einstein das Zusammenwirken von Schöpfungskraft und Ratio aus. Luft steht somit gleichermaßen für göttliche Eingebung und die Verstandeskraft, die es zur Umsetzung braucht.

Was ist das Bewusstsein, das den kollektiven Wandel initiiert und trägt? Ein wichtiger Schlüssel für den globalen Wandel ist das Zusammenwirken von Spiritualität und Wissenschaft. Es ist ein Sein in tiefer Verbundenheit mit dem Herzen, der eigenen Intuition und dem Intellekt. Es ist das Leben der eigenen Schöpfungskraft und die Würdigung des All-eins-Seins, bodenständig und alltagstauglich, losgelöst von Hokus-Pokus und sich erhöhenden spirituellen Lehren.

---

1 Albert Einstein, *Einstein Archiv 54 - 834, in: Hrsg.: Alice Calaprice, Einstein sagt: Zitate, Einfälle, Gedanken, Piper Verlag GmbH 2007*

TEIL IV
FREIHEIT

wagt einen Ausblick. Was sind die treibenden
Kräfte, die ein Sein in Frieden erschaffen?
Sind wir selbst diejenigen,
auf die wir gewartet haben?

10. VISION

SAMEN DER NEUEN ZEIT

MENSCHEN MIT VISIONEN KREIEREN DIE NEUE ZEIT

Visionen sind der Samen für das Neue. Das Neue gebiert sich aus dem, was noch nicht gewesen ist und somit unrealistisch anmutet. Es ist nicht möglich, mit alten und gegenwärtigen Gedanken eine andere Zukunft zu kreieren. Um Neues, noch nicht Da-Gewesenes, denken und als umsetzbar ansehen zu können, ist es unabdingbar, sich von Rahmenbedingungen, Voraussetzungen und Gegebenem loszulösen.

Wir sind konditioniert. Unser Denken und Handeln basiert auf Gewohnheiten und auf *Tradition*. Es ist an der Zeit, Gewohntes zu hinterfragen und sogenannte *Traditionen* zu durchbrechen. *„Wir machen das, weil das schon immer so gemacht wurde"* und ähnliche Bemerkungen sind Aussagen, die uns dazu einladen, nachzufühlen. Egal, ob wir diesen oder einen ähnlichen Satz von unserem Gegenüber oder aus unserem eigenen Mund hören, wir dürfen innehalten und tief in unser wahres Sein hineinsinken. Spüren wir den Sinn hinter dem Wohlbekannten? Können wir ihn in der Tiefe begreifen?

Traditionen sind bequem. Sie sind einfach da, geben unserem Sein Sinnhaftigkeit und lassen uns passiv werden. Überspitzt gesagt, können wir zu Marionetten unserer eigenen Traditionen werden. Es sind nicht nur die Medien, die unsere Wahrnehmung und unsere Realität formen. Übernommene Werte von der Familie und der Kultur, in die wir hineingeboren wurden, können entmündigen und klein halten. Wenn ich von

Traditionen spreche, meine ich nicht die alten Rituale der Naturverbundenheit mit nativen Wurzeln, sondern übernommene Gewohnheiten jeder Art ohne Spirit.

Die Fragen, die wir uns in Zukunft wiederholt stellen dürfen, sind:

1. Mache ich etwas bewusst, weil es meinem Wesen und meiner Wahrheit entspricht, oder mache ich es aus reiner Gewohnheit heraus?

2. Mache ich etwas, weil es bequem ist, meinen Tag füllt und mir Struktur gibt?

3. Mache ich etwas, um dazuzugehören, um zu entsprechen und Erwartungen anderer zu erfüllen?

4. Mache ich etwas, um mich abzulenken und um meinem Sein Sinn zu geben?

Beginnen dürfen wir bei „alltäglichen" Traditionen, solchen, die dem „typischen" Frauen- und Männerbild entsprechen, den Klischees von Alt und Jung, Arm und Reich, Wissend und Unwissend beispielsweise.

Was meint das Innere Kind dazu?

Viele Erwachsene agieren größtenteils aus ihrem Inneren Kind. Alles, was uns als Kind über uns selbst, über andere und die Welt gesagt wurde, hinterlässt beeindruckende Spuren, formt unser Selbst- und Weltbild im Hier und Jetzt. Erst wenn uns das bewusst wird und wir das verletzte, konditionierte Innere Kind heilen, kann uns der in uns schlummernde kindliche Anteil zum wichtigen Lehrmeister und zur Inspirationsquelle werden. Kinder sind Meisterinnen und Meister der Vision. Sie sind unbefangen und frei in ihren Gedanken. Das Innere Kind lehrt uns Lebensfreude und Unvernunft, stellt das Wertesystem unserer Leistungsgesellschaft auf den Kopf. Pippi Langstrumpf war sich in ihren Vorhaben stets sicher. *„Das habe ich noch nie vorher versucht, also bin ich völlig sicher, dass ich es schaffe"*, ist einer der Aussprüche des frechen Mädchens, das sich die Welt so macht, wie sie ihr gefällt. Wie sie sind auch wir Erwachsene dazu aufgefordert, unsere Entscheidungen nicht (nur) auf Erfahrungen basieren zu lassen. Mit einer gewissen Unbedarftheit, einem Touch von Naivität lebt es sich leichter und fröhlicher. Das Leben wird spannend, schön und vor allem geben wir uns selbst die Chance über uns hinauszuwachsen, unsere Visionen Wirklichkeit werden zu lassen.

MEINE VISION

I am a circle – I am healing you.
You are a circle – you are healing me.
We unite us, be as one.
We unite us, be as one. [1]

Ich habe eine Vision von Menschen, die sich verbunden fühlen. Verbunden mit ihrem Heimatplaneten, Mutter Erde, Gaia. Verbunden mit den Mineralien, den Pflanzen, den Tieren und allen Menschen auf Erden. Ich sehe Menschen, die wohlwollend auf ihre Ahninnen und Ahnen blicken, ihnen Respekt entgegenbringen und ihre Wege achten. Mit dem Bewusstsein, ein Teil von ihnen zu sein. Sie haben ihnen das Leben, sowie Potentiale, Wege und Erkenntnisse als Geschenk für ihren Erfahrungsweg mitgegeben.

Ich sehe Menschen, die ein offenes Herz haben, egal wie hart ihr Weg bisher war, egal wieviel emotionalen Schmerz sie bereits ertragen haben. Sie lassen sich ihr Lebensfeuer nicht dimmen, stehen aufrecht für das Sein in Leichtigkeit und Glückseligkeit.

Ich sehe Menschen, die Verantwortung übernehmen, für ihr Sein, ihr Handeln und auch Nicht-Handeln. Sie wissen, dass sie bedeutend sind, göttlich und machtvoll. Sie

1 Indigener Heilgesang

nutzen ihre Kraft, um die Welt zu dem Ort zu machen, den sie sich wünschen. Tag für Tag.

Ich sehe Menschen, die sich die Hände reichen und im Kreis zusammenkommen. Sie nehmen sich selbst und ihre Mitmenschen in ihrer Schönheit und Einzigartigkeit wahr. Sie anerkennen ihren eigenen Platz und ihre Größe gleichermaßen wie den Platz, die Größe und die Bestimmung des Gegenübers.

Ich sehe Kreise, mehr und mehr Kreise, die Raum zur Authentizität und Wahrhaftigkeit erschaffen. Frauen- und Männerkreise, sowie Kreise, in denen Frauen und Männer gemeinsam zusammenkommen, um sich am Ursprung allen Seins wiederzufinden. Ich sehe Co-Kreationen, Bündelung von Leidenschaft, Begeisterung, Liebe und Talent. Menschen, die sich gegenseitig nähren, sich kraftvoll zusammenschließen für ein neues Miteinander auf Erden.

Ich sehe ein Zusammenwirken auf gleicher Augenhöhe, ein gegenseitiges Anerkennen in der Verschiedenartigkeit. Ein Erkennen der ureigenen Göttlichkeit und des Atems Gottes in allem, was ist. Ich höre das unbändige, das pure kraftvolle *Ja* zur Schöpfungskraft, das alles durchdringt, scheinbar Unmögliches möglich macht, inspiriert und manifestiert.

Diese Kraft schlägt Kreise, durchbricht Altes, nicht mehr Dienliches und gibt dem neuen Zeitgeist Raum. Die Zukunft kreiert sich im jetzigen Moment, durch ein wahrhaftiges Sein, Ist-Präsenz und Hingabe. Im Urvertrauen und in der Liebe werden Visionen Wirklichkeit.

Wir sind die, auf die wir gewartet haben.

KRAFT DER SCHÖPFUNG: ANTRIEB ALLEN SEINS

Ja, es braucht Mut bedeutend zu sein.

Ja, es braucht Mut verantwortlich zu sein.

Ja, es braucht Mut selbstreflektiert zu sein und
die eigenen Schatten im Inneren zu integrieren,
statt ins Außen zu projizieren.

Die Menschheit steht kollektiv an einem großen Wendepunkt. Der Samen für den Wandel in die Ära der Glückseligkeit auf Erden ist gesät. Das neue Bewusstsein auf Erden manifestiert ein neues Sein auf Erden, welches das Vergessen der eigenen Göttlichkeit auf Erden überwunden hat. Im neuen Bewusstsein erkennen wir Menschen uns wieder als Eins mit allem was ist. Die Spiele der Dualität von richtig und falsch, gut und böse, finden ihr Ende. Frieden findet Einzug, zuerst im Inneren der Menschen, dann in Familien, Kulturen, Nationen. Schlussendlich wird Frieden sein auf Erden, die Rückkehr des Himmels auf Erden.

Um dieses kollektive Sein zu erlangen, sind wir Menschen dazu aufgerufen, Frieden mit unserer Vergangenheit zu schließen. Mit allem, wofür wir uns selbst verurteilen, mit allem, wofür wir unsere Mitmenschen an den Pranger stellen. Um diesen Energien Platz zu geben, müssen wir uns von Altlasten verabschieden – von Traumata, vom selbstkreierten Drama, von der Opferhaltung und von vorgefertigten Meinungen über diese Welt. Wie wir unsere Welt wahrnehmen, hängt von den Rahmen und den Filtern ab, durch die wir uns erlauben, diese zu betrachten. Die Welt, die wir sehen, ist die Welt, die wir sehen wollen und entspricht nicht der Realität. Sie ist wahr, jedoch nur wahr in der individuellen Wahrheit.

Mögen Klarheit und Leichtigkeit Einzug finden im menschlichen Sein. Selbstermächtigung geschieht aus dem Inneren heraus. Sie ist eine Entscheidung für die Schönheit und Fülle der Existenz. Sie ist die Entscheidung, die volle Verantwortung für sich, seine Erfahrungen und sein Wirken auf Erden zu übernehmen. Sie ist deine Entscheidung gegen das innere Opfersein, das ohnmächtig macht. Selbstermächtigung bedeutet Freiheit.

Mit einer klaren Ausrichtung auf das Wesentliche, das friedvolle Miteinander auf Erden, weben wir die Schicksalsfäden der menschlichen Zukunft. Unsere persönlichen Wege orchestrieren den Erfahrungsweg im Kollektiv. In diesen Zeiten des Wandels zählt der Fokus jeder und jedes Einzelnen. Die Ausrichtung auf Wahrhaftigkeit, Mut und Eigenverantwortung bringt immer mehr Menschen der Essenz, Gott, näher. Es war in der Menschheitsgeschichte noch nie so wichtig, eine eigene Wahrheit zu haben, diese zu spüren, auszusprechen und vor allem zu leben. Ja, es erfordert Mut sich voll und ganz zu zeigen, authentisch und pur. Auch erfordert es Disziplin sich selbst zu durchschauen, so dem eigenen Ego Herr zu werden.

Die Winde der Veränderung

Die Winde der Veränderung wehen unaufhörlich.
Die Wellen der Klärung bäumen sich auf.
Die Feuer der Leidenschaft flammen auf,
und die Hüter der Erde werden eins
mit den kosmischen Kräften.

Der Wendepunkt ist überschritten, getan. Nun gilt es, standhaft zu bleiben und zu vertrauen. Das Bewusstsein des Neuen Zeitalters ist im Kern bereits manifestiert. Was im Außen nach Zerstörung ausschaut, gibt dem Raum, was kommen möchte.

Lass dich nicht von all den äußeren Umständen verwirren und schwächen.

Lass dich nicht einnehmen von der Trennung, den Kämpfen
und der Zerstörung. Bleib bei dir, stärke deine Mitte.

Rufe deine Ahninnen und Ahnen an deine Seite,
hole dir verlorene Seelenanteile zurück und werde wieder ganz.

Vertraue auf dein inneres Wissen und verbinde dich
mit der Weisheit des unendlichen Kosmos
und der bedingungslosen Liebe von Mutter Erde.

Gib dir selbst ein Ja, *mit kräftiger Stimme voller Lebenslust.*
Aktiviere den inneren Träumer, deine Visionskraft.
Du schöpfst dein Leben, immer.

Mögen dir die Besinnung auf das Wesentliche,
die Stille und die Achtsamkeit treue Begleiter sein.

Mögen dir Authentizität und Wahrhaftigkeit
in diesen Zeiten des Umbruchs hilfreich zur Seite stehen.

Lass ans Tageslicht kommen, was nicht länger verborgen bleiben kann.
Ist es nicht mehr dienlich, darf es sich (er-)lösen.

Visionen werden Wirklichkeit.

Es ist die Liebe, die nährt.

Es ist die Stille, die Raum gibt.

Es ist die Akzeptanz, die befreit und

es ist die Disziplin, die das Neue erschafft.

11. GLÜCKSELIGKEIT

VERSUCH EINES AUSBLICKS

DER HIMMEL AUF ERDEN

Wie stellst du dir den Himmel auf Erden vor? Friedvoll, befreiend, harmonisch, erfüllend, inspirierend, pur, leicht, einfach ... das sind die ersten Begriffe, die mir in den Sinn kommen, wenn ich mir meinen persönlichen Himmel auf Erden ausmale. Sobald ich darüber nachdenke, was es dafür braucht, um dorthin zu kommen, schaltet sich mein Verstand ein. Er versucht mir mit Nachdruck klar zu machen, dass das nicht möglich sei. Warum ist es nicht möglich? Die Frage scheint sich wie von selbst zu beantworten: Aber, weil, deshalb ... so viele gegenwärtige Umstände, die dem Paradies im Wege stehen. So viele Glaubenssätze, Konditionierungen und Erfahrungen lehren uns *realistisch* zu bleiben, um nicht später enttäuscht zu werden. *„Das hat noch nie funktioniert", „so einfach geht das nicht", „träum weiter", „und dann, was ist dann"* ... Aussagen, die uns immer wieder von den Träumen in unserem Innern abbringen, egal ob die Einwände von außen kommen, oder unserem eigenen Inneren entspringen.

Enttäuschung

Mit mittlerweile gut 40 Jahren Lebenserfahrung auf dem Buckel wage ich es zu behaupten, dass Enttäuschungen gar nicht so schlecht sind. *Ent-täuschung* bedeutet doch nichts anderes, als das Ende einer Täuschung. Es sind die Erwartungen, die wir in etwas oder jemanden stecken, die schlussendlich zur Enttäuschung führen. *„Das habe ich mir anders vorgestellt"*, sagt alles aus. Es liegt in der Natur des Menschen, sich von jedem und allem ein Bild zu machen. Es passiert automatisch. Die inneren Bilder formen sich meist ohne unser bewusstes Zutun. Die Vorstellungen, wie es ist oder sein wird, beruhen auf unseren bisherigen Lebenserfahrungen und auf Bildern, die uns tagtäglich von den Medien vermittelt werden.

Im zweiten Kapitel dieses Buches habe ich mich bereits ausführlich mit dem Thema *Illusion* auseinandergesetzt. Der Moment der *Ent-täuschung* ist schlussendlich nie mehr oder weniger als die Auflösung einer Illusionsblase.

Realität

Was bleibt, ist *die* Realität. Ist das so? Was ist DIE Realität? Das, was wir messen können? Das, was wir mit dem eigenen Auge sehen können? Das, was wir spüren? Aus meiner Sicht lautet die Antwort: JEIN. Die Realität per se ist nicht existent. Jeder Mensch hat eine andere Wahrnehmung von der *Realität*, sowohl von der sichtbaren Ebene, als auch von der unsichtbaren.

Vereinfacht gesagt ist rot nicht gleich rot und gelb nicht gleich gelb. Wenn der eine von unerträglichen Kopfschmerzen spricht, befindet sich der andere noch im gut erträglichen Bereich seines Schmerzempfindens. Für die Freundin ist es die beste Pasta ihres Lebens und du denkst dir, das Geld hättest du anderswo besser investiert. Was ist nun wahr?

Mit der ersten Schwangerschaft tauchte ich in die „Mysterien der Elternschaft" ein. Neben der emotionalen Achterbahnfahrt wollte ich mich schließlich auf weltlicher Ebene gut auf meine Mutterrolle vorbereiten. Nur das Beste für den neuen Erdenbürger! So viele *Must-haves*, noch mehr *Dos and Dont's*. Je tiefer ich in die Thematik eintauchte, desto komplexer, und vor allem auch widersprüchlicher wurden die Informationen und Ratschläge. Die Verunsicherung war vorprogrammiert.

Auf *Must-haves* und *Dos and Dont's* stoßen wir jedoch nicht nur auf dem Gebiet der Elternschaft, sondern in allen Lebensbereichen. Inzwischen habe ich ganz viele Tipps von Außen wieder fallen gelassen. Ich höre größtenteils auf mein eigenes Bauchgefühl. Was für die Eine oder den Anderen DER Weg, oder die beste Lösung ist, muss nicht zwangsläufig das sein, was mir Unterstützung schenkt. Umgekehrt kann ich davon ausgehen, dass meine bewährten Möglichkeiten und Wege nicht für jeden so wirkungsvoll sein müssen, wie für mich.

Das, was mich schon in meiner Schulzeit immer wieder an meine gedankliche Grenze brachte, sind Bewertungssysteme. Das ist richtig, das ist falsch. Das darfst du, das darfst du nicht. Okay, 1 + 1 = 2, unumstritten, oder vielleicht doch nicht? In die Tiefe der Quantenphysik einzutauchen, sprengt eindeutig mein Fachwissen und auch den Rahmen dieses Buches. Bei der Sprache wird es noch schwieriger, neutral zu entscheiden.

Wir alle betrachten subjektiv, naturgemäß ist es gar nicht anders möglich. Es wäre jedoch ein wichtiger Schritt, dass wir uns dessen zumindest bewusst wären. Die Erfahrungen, auf denen meine Gefühle, meine Meinung und mein Handeln basieren, hat auf diese Weise niemand auf Erden jemals so gemacht. Die Assoziationen als Reaktion auf einen äußeren Einfluss sind meine individuelle Antwort auf einen an sich neutralen Impuls. Wir konditionieren uns selbst. Je enger wir den Blickwinkel unserer Wahrnehmung schnüren, desto einseitiger wird unser Ausschnitt der (An-)Sicht.

DAS HERZ ALS AUTORITÄT

Mensch, wo gehst du hin?
Hast du ein Ziel,
oder irrst du ohne Plan?
Kannst du dich orientieren?
Navigierst du das Schiff deines Lebens,
oder lässt du dich navigieren,
ins Wanken bringen, von den Wogen?

Und was, wenn ich dir verrate,
dass das einzige Ziel ist
präsent zu sein in jedem Augenblick.
Gleichzeitig Beobachter wie Kapitän
in den Wassern des Lebens?

Siehst du die Spiegelungen deiner selbst,
erkennst du die Trennung, beheimatet
in der Dualität allen Seins?

Mensch, wo gehst du hin?

Wir sind dazu aufgerufen, nicht uns selbst und unsere Wahrheit als Maß aller Dinge zu sehen. Wenn wir lernen, mit dem Herzen zu sehen und auf unser Herz zu hören, weitet sich unser Blick und wir gehen mit Liebe und offenem Herzen in jede Begegnung. Dann bringen wir den Fokus auf das Wesentliche. Plötzlich wird es friedlich im Inneren, Glückseligkeit auf Erden.

Ist es nicht bereichernd, verschiedene Blickwinkel kennenzulernen? Ich sehe die menschliche Gewohnheit, mit teils suggerierten Werten und Verhaltensregeln zu gehen, als äußerst problematisch. Unsere Eltern und Großeltern, unsere Lehrer, die Kirche, Gruppierungen mit absoluter Meinung et cetera geben uns viel vor. Es liegt an uns, alles stets auf Stimmigkeit zu prüfen.

Menschen der westlichen Welt sind stark geprägt von materiellen Werten. Bereits der erste Eindruck hinterlässt bleibende Spuren und oft ein klares Urteil ohne Erbarmen. Wir lassen uns gerne von Äußerlichkeiten blenden. Natürlich kann und darf der gewählte Kleidungsstil ein klares Statement von persönlichen Werten sein. Es ist jedoch schade, wenn sich Inseln an Interessensgruppen formen, die untereinander in keinster Weise in den Dialog gehen, sondern sich sogar gegeneinander richten. Ich bestreite keineswegs das erhebende Gefühl sich unter Gleichgesinnten unterhalten zu können.

Das Gefühl der Vertrautheit und der Verbundenheit möchte ich nicht missen, ich liebe es sehr. Im Laufe der Jahre lernte ich jedoch, diese erfrischende Brise im Austausch mit Menschen aus einem mir fremden Umfeld zu schätzen. Im Dialog wird das Spektrum des Lebens geweitet, der Blick auf andere Anschauungen und konträre Lebensstile wird mir zur Bereicherung und erinnert mich daran, dass ich jeden Tag neu wählen kann. Plötzlich sind mir Menschen, die *anders* sind, eine Inspirationsquelle.

Ist es nicht schön, dass wir alle unterschiedlich sind,
andere Erfahrungen, Werte und Wünsche haben?
Wäre es nicht langweilig, wenn wir alle dieselben
Interessen verfolgen würden und gleicher Meinung wären?

Alles darf gemeinsam sein, wenn wir ein respektvolles Miteinander leben. Es birgt aus meiner Sicht ganz viel Würde in sich, andere Wege tief aus dem Herzen heraus zu sehen und wertzuschätzen. Wieso haben wir Menschen immer das Bedürfnis unsere Sicht verteidigen zu müssen und sie unserem Gegenüber schmackhaft zu machen? Das Leben ist nicht schwarz-weiß, sondern bunt. Es ist genug Platz für unterschiedliche Zugänge zum Leben da. So viele Wege, die nach Rom führen. Manche Menschen haben es sich vielleicht gar nicht zum Ziel gemacht, nach Rom zu gehen oder in Rom anzukommen. In der Anerkennung der alternativen Pfade öffnet sich uns die Möglichkeit, gleichzeitig an verschiedenen Realitäten teilhaben zu können. Das tun wir so oder so. Wir erkennen den Segen im Facettenreichtum der Existenz.

Glückseligkeit als Selbstverständlichkeit

Wir dürfen uns damit abfinden, dass unsere persönliche Wahrheit nicht DIE, und schon gar nicht die einzige Wahrheit ist. Auch dürfen wir uns bewusst machen, dass wir immer der Mittelpunkt unseres Universums sind. Das was wir aussenden, begegnet uns im Außen. Wir sind wie Magnete, die anziehen, was unserer Frequenz entspricht. Höchste Zeit, bewusst mit dieser universellen Gesetzmäßigkeit zu gehen. Das Leben wird unser Freund und größter Lehrmeister, der uns all das zur Verfügung stellt, was wir benötigen, um zu wachsen. Nicht zufällig werden uns Menschen geschickt, nicht ohne Grund geraten wir in bestimmte Situationen und werden mit Herausforderungen konfrontiert. Alles passiert mit Vorsatz, basiert auf göttlichen Gesetzmäßigkeiten. Die Seele strebt nach Wachstum. Wie sich uns die Lektionen zur Erkenntnis offenbaren, das steht in den Sternen, zeigt uns das Leben dann, wenn der Zeitpunkt dafür gekommen ist.

Je tiefer wir uns auf dem eigenen Seelenweg befinden, desto leichtfüßiger wird unser Leben. Wir lernen, uns vom Herzen führen zu lassen und sind uns der Wichtigkeit des bewussten Seins gewahr. Im Erkennen, dass es die größte Geste der Dankbarkeit gegenüber der Schöpfung ist, das Leben auszukosten und zu zelebrieren, erfahren wir innere Freiheit.

Glücklich zu sein, sich die Glückseligkeit endlich zu erlauben, ist gelebte Demut gegenüber der Existenz.

Glückseligkeit ist, wenn du es willst.

GEBET AN DAS LEBEN

Ich bin ein Menschenkind und ich erinnere mich nun wieder
an den heiligen Traum, der in meinem Herzen schlummert.

Ich erinnere mich daran, dass ich hierher gekommen bin,
um die Schöpfung zu sehen und zu ehren,
im Erkennen, dass ich selbst die Schöpfung bin.

Ich bin hierher gekommen, um das Mysterium Leben zu verstehen,
die Vereinigung der weiblichen und männlichen Aspekte in mir
und um mich herum zu initiieren.

Ich bin hierher gekommen, um mich daran zu erinnern, wer ich wirklich bin.
Im Erkennen stelle ich mich in den Dienste der Schöpfung.
Zu meinem Wohle, zum Wohle aller.

Ich bin hierher gekommen, um mit der Schöpfungskraft zu gehen,
um das Leben auf Erden wieder zu dem zu machen, was es ursprünglich war.
Ein Sein in Liebe, ein Sein in Fülle.
Ein Sein in Wahrhaftigkeit und Demut.
Ein kraftvolles Wirken im ewigen Einklang
mit allem, was ist.

Ich ehre die Elemente mit ihren Lehren und Medizinen,
integriere diese in meinem täglichen Sein.

Ich bin pur, wahrhaftig und beschreite meinen Herzensweg
im authentischen Sein, zu meinem Wohle, zum Wohle aller.

Voller Hochachtung verneige ich mich vor Gaia,
Hüterin allen Seins und Mutter allen Lebens.

In Dankbarkeit wende ich meinen Blick dem Himmel zu,
während ich mich in Mutter Erde tief verwurzelt fühle.
Das Wissen, mit allem auf Erden und dem gesamten Kosmos
verbunden zu sein, kräftigt mich und ermutigt mich zur Tat.

In Liebe verbinde ich mich mit all meinen
Brüdern und Schwestern auf Erden,
den Mineralien, den Pflanzen, den Tieren und den Menschen.

Vater Sonne, Großmutter Mondin, ich bin bereit
in Demut zu empfangen und zu gebären.

Jener Traum, der so lange in meinem Herzen
gehütet wurde und reifen durfte,
wird nun Wirklichkeit.
Die Menschheit darf ganz werden, heil.
Frieden auf Erden.

Friede sei – innen wie außen
Liebe sei – innen wie außen
Wahrhaftigkeit sei – innen wie außen
Demut sei – innen wie außen

Göttlichkeit in Vollkommenheit auf Erden, jetzt!

Aho Mitakuye Oyasin. [1]

1 Ausspruch der Lakota, eine Stammesgruppe der Sioux, mit der Bedeutung *„Alles ist mit allem verbunden"* oder *„All meine Verwandten"*. Er bringt die Verbundenheit der gesamten Existenz zum Ausdruck.

ICH BIN
SCHÖPFUNGSKRAFT.
DU AUCH.

SPÜRE DEINEN TRAUM,
WERDE ZU DEINER VISION. JETZT!

ACHT SCHRITTE
IM FLUSS
DES SEINS

Inneren Frieden,
Urvertrauen und
Lebensfreude im
Leben integrieren.

PRAXISTEIL
DER WEIBLICHE WEG

Gehe den Weg deines Herzens.
Gehe ihn leichtfüßig, aber gehe ihn auch mutig und entschlossen.
Er bringt dich dem Traum immer näher,
den sich deine Seele einst erträumt hat.

Worte meiner Mutter Christa Grandits

Im Laufe unseres Lebens durchschreiten wir immer wieder den Kreislauf des Werdens und des Sterbens. Wir sind eingebunden in die großen und kleinen, in die kollektiven wie persönlichen Zyklen. Sie verlaufen parallel und oft zeitverschoben und schreiten mit unterschiedlichen Geschwindigkeiten voran.

Ein wichtiger Hinweis zum besseren Verständnis und zur leichteren Umsetzung der acht Schritte: Drama, Trauma, Schmerz und Krankheit sind alle im vierten Schritt **Erfahrung** verankert. Sogenannte „Schicksalsschläge" katapultieren uns immer an den Punkt der *Erfahrung*, egal an welcher Stelle im Rad des Lebens wir uns gerade befinden. Der Schlag des Schicksals bringt Stagnation, das Gefühl der Ohnmacht mit sich. Es liegt am Menschen selbst, wie er mit der jeweiligen Lebenssituation umgeht, und was er aus der Erfahrung macht. Menschen, die viel Leid auf den Schultern tragen, haben damit aufgehört, mit dem Fluss zu gehen. Sie sind unbeweglich, stehen geblieben und weigern sich, den nächsten Schritt, den der **Erkenntnis**, zu gehen. Erstarrung, Resignation und das fehlende Urvertrauen in das Leben, sowie die Schöpfungskraft, verhindern die Bewegung, die zurück in den Fluss des Seins und somit in die Entwicklung führt.

Mit jedem Moment, in dem du dich deiner gegenwärtigen Lebenssituation bewusst stellst, wirst du zur Heldin und zum Helden deiner (Lebens-)Geschichte und übernimmst die Ruder, anstelle dich unbeteiligt den Wogen im Außen hinzugeben. Nur du alleine entscheidest, ob du den Fokus auf die Leere oder auf die Fülle legst. Das Leben an sich ist Fülle, immer. Es liegt einzig und alleine im Auge der Betrachterin oder des Betrachters, ob das Glas halb leer, oder halb voll gesehen wird.

> Dieser Teil kann als Ergänzung zum dritten Teil des Buches *Urkraft* gesehen werden. Wir versuchen nun, gemeinsam die Theorie in der Praxis umzusetzen.

Ich starte bei Schritt eins (Manifestation), der mit der Himmelsrichtung Nordosten in Verbindung gebracht werden kann. Die Manifestation ist die Basis jedes Neubeginns. Im Osten geht die Sonne auf, ein neuer Tag entfaltet sich. Im Schamanismus stößt man unausweichlich auf die Lehren des Medizinrades. Die Auslegungen sind, je nach Tradition, unterschiedlich. In der Kernaussage bleibt die Überlieferung jedoch dieselbe. Im Medizinrad ist den vier Himmelsrichtungen je eine Jahreszeit zugeordnet.

Der Frühling steht für den Neubeginn und die Entfaltung,
der Sommer für die Erfahrung und die Emotion,
der Herbst für die Ernte und die Innenschau,
der Winter für die Weisheit und die Saat.

Du kannst dir zum besseren Verständnis die Schritte auch als Stationen deines Lebens im übertragenen Sinn vorstellen. Die Schritte eins bis drei können gleichgesetzt werden mit der Geburt, dem Kindes- und beginnenden Jugendalter. Die Schritte drei bis fünf mit der Lebensphase des jungen Erwachsenen und die Schritte fünf bis acht mit dem reifen Erwachsenenalter bis hin zum Archetypen der alten oder des alten Weisen.

Die acht aufeinander aufbauenden Schritte
im Fluss allen Seins sind folgende:

1. **Manifestation**
2. **Entfaltung**
3. **Orientierung**
4. **Emotion**
5. **Erkenntnis**
6. **Innenschau**
7. **Wissen**
8. **Weisheit**

Ich nenne diese Abfolge **„Der weibliche Weg"**, da sie zyklisch ist und zurück in das Spüren und die Verbundenheit führt. Die acht Schritte des weiblichen Weges haben sich aus meinem eigenen Erfahrungsweg, aus den Lehren des schamanischen Medizinrades und aus den Erkenntnissen durch meine jahrelange Begleitung von Frauen und Männern geformt.

Gut verständlich werden die acht Schritte auch über den weiblichen Zyklus. Frauen sind von Natur aus zyklische Wesen. Das zyklische Sein ereignet sich Monat für Monat in ihren Körpern. Es ist Teil ihres Lebens. Die Entfaltung *(Schritt zwei)* ist gleichzusetzen mit dem Eisprung. Die Innenschau *(Schritt sechs)* mit der Blutung.

Eine andere Möglichkeit wäre, die Stadien auf den Mondzyklus zu übertragen. Die nachfolgende Grafik veranschaulicht die acht Stadien des Mondes und die damit verbundenen Schritte.

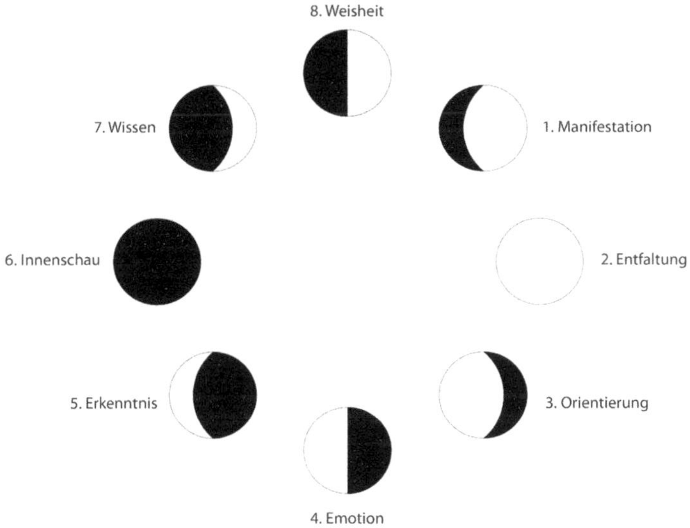

|Die 8 Schritte im Zyklus der Mondin

Die Variante, den Vollmond dem Süden *(4. Emotion)* und den Neumond dem Norden *(8. Weisheit)* zuzuteilen, ist ebenfalls gebräuchlich. Geht man davon aus, dass der Vollmond für den Eisprung steht und der Neumond für die Menstruation, ergibt sich auch für die Zuteilung der acht Schritte beim Zyklus der Frau eine Abwandlung. Bei der Wahl der Zuteilungsversion darf nach subjektiver Stimmigkeit entschieden werden.

Frauen wie Männer sind gleichermaßen dazu eingeladen, diesen Pfad im natürlichen Rhythmus des menschlichen Seins zu gehen.

***Der weibliche Weg** ist eine Möglichkeit, die ich dir in die Hände lege, als Methode, als Lebensstil, als Inspiration.*

Die acht Schritte unterstützen dich dabei, kosmische Gesetzmäßigkeiten zu achten und nach ihnen zu handeln. Außerdem bergen sie das tiefe Verständnis für die natürlichen Rhythmen auf Erden in sich, welches in das alltägliche Sein einfließt.

***Der weibliche Weg** führt nicht nur Frauen, sondern auch Männer zurück in den Fluss des Seins. Innerer Frieden, Urvertrauen und Lebensfreude werden zu selbstverständlichen Geschenken, die uns zufließen, egal wie sich uns das Leben gegenwärtig zeigt.*

Das Yin wurde über Jahrtausende erfolgreich auf allen Ebenen weltweit unterdrückt. Nun ist der Wendepunkt erreicht. Die Bedeutsamkeit der weiblichen Qualitäten wie Sanftmut, Sensibilität, Empathie, Bedingungslosigkeit, Liebe und die Hingabe darf und muss wieder in unser Bewusstsein rücken.

Es ist höchste Zeit, die Kostbarkeit des Yin zu erkennen und zu würdigen. Yin und Yang sollen wieder gleichberechtigt, als Schwester und Bruder, die sich ergänzen und gegenseitig bereichern, ihre volle Entfaltung erlangen. Die Stärkung des Yin ist sowohl für die Frau, als auch für den Mann unabdingbar.

Nur so kann die Balance der Pole wiederhergestellt werden.
Möge Einklang sein. Möge Frieden sein auf Erden.

EMPFANGEN

Mit meiner Schöpfungskraft manifestiere ich
aus der Feinstofflichkeit in die Grobstofflichkeit.
Ich habe mich für den Neubeginn entschieden
und nehme den Weg durch den nächsten Zyklus auf.
Das, was meine Seele und all die Menschen
auf Erden bereits erlebt haben,
nehme ich mit auf meine Reise.
Ich empfange, worauf ich mich
im vorangegangenen Zyklus
vorbereitet habe.

1. MANIFESTATION

DER WEIBLICHE WEG

Zeit zu lauschen.
Ich gebe meiner inneren Stimme Raum.
Ich höre meinem Körper zu, achte auf die Signale,
die er mir sendet. Meine Zuwendung gilt den
Körperregionen, die nicht in Balance sind.

Ich trete in Kommunikation mit meinem Körper.
Er ist mein Kompass auf dem irdischen Weg. Ich gebe
mich dem Schmerz hin, ergründe den Ursprung seiner
Existenz. Barmherzigkeit meinem Körper gegenüber
macht ihn weich, leicht und gesund.

Es ist heilsam, uns unseren Ahninnen und Ahnen zuzuwenden, sie zu sehen und zu würdigen. Ohne sie würde es uns nicht geben. Wir sind ein Teil von ihnen und sie sind ein Teil von uns. Indem wir sie verurteilen und verleugnen, verurteilen und verleugnen wir Teile von uns selbst. Es geht um die Versöhnung, das sich gegenseitige Erkennen im Licht der Göttlichkeit.

Auf Seelenebene haben wir uns bewusst für unsere Ahnenreihe entschieden. Wir haben uns für jene Eltern entschieden, die uns die größten Lektionen erteilen auf dem Weg in unser Licht. Wenn wir verstrickt und verbittert sind, fühlen wir uns ohnmächtig und ausgeliefert. Wir machen uns zu Opfern, wenn wir unseren Vorfahren die Schuld für unser Schicksal geben. In der Öffnung für den gemeinsamen Weg und all das, was er mit sich bringt, werden wir frei.

Ich fühle in den letzten Jahren eine starke Erleichterung im Feld der Ahninnen und Ahnen. Nicht, dass die Schicksale und die Lektionen leichter geworden sind. Das Tor zur Heilung ist jedoch einfacher zu öffnen. Der Schlüssel liegt in der reinen Entscheidung, Heilung zu wollen. Aus meiner Sicht braucht es die Wertschätzung und den Respekt gegenüber den Wegen unserer Vorfahren. Indem wir ihren Wegen in Demut begegnen, machen wir uns frei. Indem wir uns vom Erbe der Schuldzuweisungen und Erwartungen befreien, dürfen wir uns als eigenständiges, autarkes Wesen erkennen und anerkennen.

In der bewussten Loslösung vom Alten, von Verstrickungen mit unseren Vorfahren, richten wir unsere Körperzellen neu aus. Krankheiten, Schicksalsschläge und Verhaltensmuster, die von Generation zu Generation wiederkehren können, werden aus dem Zellsystem entlassen. Unsere Zellen können neu informiert, umprogrammiert werden. Man kann sich das wie die Formatierung der Festplatte vorstellen. Die alten Daten werden gelöscht, die dadurch frei werdende Speicherkapazität kann neu bespielt werden.

Was immer bleibt ist die Liebe, denn die Liebe kann nicht gelöscht werden. Die Liebe erlöst, was nicht mehr dienlich ist und stärkt, was nährt. Es ist unsere Verantwortung, uns von Vergangenem zu befreien. Wir sind nicht die Opfer des bereits Geschehenen und es ist nicht unsere Aufgabe, Lasten, die nicht uns gehören, aus Liebe zu übernehmen und zu (er-)tragen.

IMPULS 1 Mein Körper, mein Freund

ARCHIGAIA
Hingabe &
Urvertrauen

Während der Arbeit am Buch entwickelte Kristina **12 Aura- & Raumsprays**

Im Kreis die Empfehlung der passenden Sorte(n) zum jeweiligen Impuls.

www.archigaia.com

Ich verbinde mich mit meinem Körper.
Ohne ihn wäre ich nicht lebendig,
könnte ich mich nicht als Mensch auf Erden erfahren.

Ich erlebe ihn bewusst, gebe ihm die Zuneigung,
die er braucht. Ich bin barmherzig mit ihm.
Ich verschmelze mit meiner Körperlichkeit,
sie ist ein wichtiger Teil von mir.
Mein Körper ist mein Tempel und zeigt mir
durch den Schmerz Disbalance
in nicht sichtbaren Ebenen auf.

Ich fühle nach und lausche.

Notiere und skizziere

1. An welchen Stellen in meinem Körper ist Schmerz?
2. Ist der Schmerz punktuell, oder strahlt er aus?
3. Wie fühlt sich der Schmerz an? (dumpf, spitz, brennend …)
4. Mit welcher Farbe/welchen Farben würde ich den Schmerz zum Ausdruck bringen?
5. Gibt es geometrische Muster, die den Schmerz gut veranschaulichen?
6. Wie stark ist der Schmerz auf einer Skala von 1 bis 10?
7. Gibt es etwas, das mein Körper mir mitteilen möchte?

IMPULS 2 Verbindung mit meinen Ahninnen und Ahnen aufnehmen

Das Erbe meiner Ahninnen und Ahnen soll mir
nicht länger auf den Schultern lasten.
Ich erkenne, dass ihr Weg auch mein Weg ist.

ARCHIGAIA
Freiheit &
Urvertrauen

Im Erkennen, dass ihre Schuld auch meine Schuld ist,
ihr Schmerz auch mein Schmerz,
ihre Freude auch meine Freude,
werde ich eins mit der Vergangenheit auf allen Ebenen.

Ich wende mich meinen Ahninnen und Ahnen zu.
Sie stehen hinter mir und stärken mir den Rücken.
Plötzlich weiß ich, ich bin nicht alleine
und bin es nie gewesen.

Wenn du möchtest, kannst du als Vorbereitung für die Übung eine Kerze als Geste der Verbundenheit und Wertschätzung für deine Vorfahren anzünden. Vielleicht hast du Lust, frische Blumen für sie bereitzustellen. Gib deinen Ahnen den Platz, den du ihnen geben möchtest. In deinem Herzen, oder vielleicht sogar in einem oder mehreren Fotorahmen. Eventuell gibt es ein altes Erbstück, das einen besonderen Platz in deinem Alltag einnehmen darf.

Es gibt verschiedene Möglichkeiten zur Verbindungsherstellung und Arbeit mit unseren Vorfahren. Wir können systemisch mit ihnen Kontakt aufnehmen und Ordnung in das Feld der Ahninnen und Ahnen bringen. Das Angebot in diese Richtung ist inzwischen groß. Der Pionier auf dem Gebiet, der Psychotherapeut Bert Hellinger, hat uns viele Werkzeuge bereitgestellt, die im professionellen Rahmen große Wirksamkeit haben.

Aus der klassischen systemischen Aufstellungsarbeit haben sich im Laufe der Jahre unterschiedliche Methoden entwickelt, mit denen wertvolle Heilarbeit möglich ist.

Eine unkomplizierte Variante kann jeder für sich alleine anwenden. Stelle dir deine Ahnen mit dem geistigen Auge vor. Sie stehen hinter dir. Mit einer 180 Grad-Drehung – du kannst dich wirklich umkehren, oder dich im Geiste nach hinten wenden – kehrst du dich bewusst dem Feld deiner Vorfahren zu. Wenn es sich stimmig für mich anfühlt, verneige dich vor all den Männern und Frauen, die vor dir waren. Spüre, du bist ihr Fleisch und Blut.

Lausche und empfange. Wenn du möchtest, gehe mit der nachfolgenden Intention. Vielleicht haben deine Ahninnen und Ahnen eine Botschaft für dich.

Notiere und skizziere

Ich öffne mich für die Botschaften meiner Ahninnen und Ahnen. Es ist eine unbändige Lebenskraft, die sie mir schenken.

Mit offenem Herzen lausche ich ihren Schicksalen und ihren Sehnsüchten. Denn in ihren Wegen findet mein Weg seinen Ursprung.

Meine Großmütter und Großväter stehen hinter mir und stärken mir den Rücken.
Egal, für welchen Weg ich mich entscheide.

ATMEN

Alles ist neu, mir noch unbekannt.
Ich habe vergessen, woher ich komme
und wer ich bin.
Zeit, meine Essenz neu zu entfalten.

Ich atme tief aus und ein,
um mich im Neuen zu verwurzeln
und mich gleichzeitig
an meinen göttlichen Ursprung
zu erinnern.

2. ENTFALTUNG

DER WEIBLICHE WEG

Ich atme und gebe mich dem Fluss des Lebens hin.
Das Wissen über die Bedeutsamkeit aller Erlebnisse und Begegnungen,
aller Erfahrungen, die ich bisher sammeln durfte, lässt mich still werden.
Meine Vergangenheit macht mich zu der Person, die ich heute bin.

Wenn mir mein Atem stockt, halte ich kurz inne
und hole mir mein Vertrauen ins Leben zurück.
Ich atme tief ein und aus, lasse alles,
was ist und sein möchte, durch mich fließen.

Der Atem ist Leben, das Leben ist das Sein im Fluss. Ich darf vertrauen und mich in Demut und Dankbarkeit erinnern: Ich bin nicht alleine. Es ist gut für mich gesorgt. Ich bin geführt und ich bin geliebt, alles geschieht in göttlicher Ordnung.

Ich lebe im Hier und Jetzt. Hier findet das Leben in all seinen Facetten statt. Ich erhalte Zeichen und Hilfe, wenn ich darum bitte, immer. Ich habe eine Intuition, die mir den Weg weist, immer.

Ich bin nicht mein Körper, ich bin nicht mein Geist. Doch beide sind ein Teil von mir. Sie unterstützen mich in Verbindung mit meiner Seele. Mein Körper, mein Geist und meine Seele im Einklang sind verkörperte Göttlichkeit auf Erden.

Ich bin nicht meine Gedanken und meine Emotionen, doch nehme ich sie wahr und gebe ihnen den Raum, den sie brauchen. Meine Emotionen sind ein wichtiger Teil meines Weges auf Erden. Meine Sanftheit und meine Verletzlichkeit sind meine Stärken. Ich bin mir meiner Gedanken bewusst. Mit ihnen erschaffe ich meine Realität.

Ich bin ein zyklisches Wesen. Das Leben, die Existenz – alles verläuft zyklisch und ich bin Teil des Großen Ganzen. Es gibt keinen Anfang und kein Ende. Es ist – ohne Ziel, doch stets voranschreitend und in Entfaltung.

Ich habe viele Anteile in mir, die alle aus ihrer Perspektive und ihrer Wahrheit agieren. Ich ehre diese Anteile in mir und gebe ihnen eine Stimme. Ich lebe die Demokratie in meinem Inneren. Vielfalt macht mich reich, bringt alle Farben des Regenbogens in meinem Sein zum Leuchten und lässt mich vollständig werden. Ich lasse mich nicht von meinen Träumen und Visionen abbringen. Alles, was sich mir vor meinem geistigen Auge erschließt, kann zu meiner Realität werden.

Ich bin einzigartig, mich gibt es kein zweites Mal. Weder auf Erden, noch in den unendlichen Weiten des Universums. Ich bin bedeutsam und mit Gaben und Passion für das menschliche Sein auf diese Welt gekommen.

> ***Es ist jetzt die Zeit, meine Medizin zu leben, mein Licht und meine Stärken zu verkörpern. Ich verschenke mich, teile das, was mich im Wesenskern ausmacht. Das ist mein Beitrag auf Erden.***

IMPULS 3 Meinen Kindheitserinnerungen auf der Spur

Ich begebe mich in meine Kinderschuhe, reise gedanklich in jene Zeit zurück, als mein Leben noch „in Ordnung" war.

ARCHIGAIA
Urvertrauen &
Leichtigkeit

Notiere und skizziere

1. Was habe ich als Kind gerne gemacht?
2. Wie hat sich das Leben angefühlt?
3. Wie habe ich mich gefühlt?
4. Was hat mich begeistert?
5. Was wollte ich unbedingt machen, wenn ich einmal groß sein würde?
6. Welchen Berufswunsch hatte ich als Kind?
7. Wie hatte ich mir meine Zukunft vorgestellt?

IMPULS 4 Das Geschenk der Glückseligkeit und die Unbedarftheit des Inneren Kindes nutzen

Ist es nicht eines der größten Ziele des Menschen, glücklich zu sein? Glückseligkeit bedeutet angekommen sein im Leben, bedeutet im Hier und Jetzt zu sein, ohne Erwartung und ohne Bedingung. Beide Qualitäten lehrt uns das Innere Kind. Wenn du in einer bewussten Beziehung zu deinem Inneren Kind stehst, bist du mit ihm in Balance.

Als Erwachsener ist es dir möglich, deinem Inneren Kind Trost und Halt zu geben. Das Innere Kind will gesehen werden, wissen, dass es mit dem Schmerz, der ihm zugefügt wurde, nicht alleine ist. Wenn du diesen Part übernimmst und Emotionen aus dem kindlichen *Ich* weder unterdrückst, noch dich voll und ganz von den überwältigenden Gefühlen einnehmen lässt, führt dich dein Inneres Kind zurück in die Unbeschwertheit und Glückseligkeit, in die Naivität des Nicht-Wissens.

Das Innere Kind lehrt dich Erwartungslosigkeit und Bedingungslosigkeit. Auch schenkt es dir Leichtigkeit und Gegenwartspräsenz. Wenn du deinem Inneren Kind auf gleicher Augenhöhe begegnest, bereichert es dich. Das Leben eines Erwachsenen darf auch leichtfüßig sein, sich von Zeit zu Zeit kindlich anmuten. Lass dich von deinem Inneren Kind verführen und sei „unvernünftig“. Durchbrich die selbst auferlegten Rahmen der Strenge und Ernsthaftigkeit deines Erwachsenseins.

Nimm dir bewusst Tage oder Stunden Zeit,
in denen dein Inneres Kind die Führung
im Alltag übernimmt.

Notiere und skizziere

ARCHIGAIA
Urvertrauen &
Leichtigkeit

1. Was macht mich heute glücklich?

2. Was bringt mir die Unbeschwertheit
des Seins zurück?

Geh barfuß spazieren, geh zum Eissalon und
kauf dir zwei Kugeln von deiner Lieblingssorte.
Mach das, was dir im Moment Freude bereitet
und nicht das, was noch zu tun ist oder sich gehört.
Bring dadurch Leichtigkeit und Lebensfreude
in deinen selbst kreierten Ernst des Lebens.

REFLEKTIEREN

Es braucht Zeit,
im Hier und Jetzt anzukommen.
Ich denke darüber nach,
was bisher war und was ist,
lerne Schritt für Schritt,
mich in dieser Welt
zurechtzufinden.

3. ORIENTIERUNG

DER WEIBLICHE WEG

Ich bin göttlich.
Als vollkommenes göttliches Wesen
bin ich in diesen Körper hineingeboren.
Meine Eltern, meine Umgebung,
meine Begabungen, meine Herausforderungen
und mein Aussehen –
all das habe ich selbst gewählt.
Ich alleine habe das Drehbuch
für mein Leben verfasst.

In der göttlichen Anbindung habe ich mir viel vorgenommen. Ich habe mir selbst versprochen, „offene Rechnungen" aus vorangegangenen Leben zu begleichen und Erfahrungen aus alten Leben erneut zu machen, deren Lektionen ich nicht verstanden habe. Dann wurde ich durch den Geburtskanal des Vergessens in das Licht auf Erden geboren. Die ersten Lebensjahre fühlte ich mich noch „richtig", göttlich, angebunden. Da war kein Hinterfragen meines Seins, meines Aussehens und meines Handelns. Ich war reines Sein, agierte aus dem gegenwärtigen Moment. Doch plötzlich waren da diese Gefühle der Schuld, der Scham und der Sünde. Anfangs kamen sie nur kurz zum Vorschein, doch im Laufe der Jahre wurde die Schwere dieses Feldes immer größer. Der Zweifel mir selbst und dem Leben gegenüber begann mich einzunehmen.

IMPULS 5 Konditionierungen und Glaubensmuster beleuchten und loslassen

Ich tauche in die Erinnerungen
an meine Vergangenheit ein.

ARCHIGAIA
Urvertrauen

Wie haben meine Eltern mit mir gesprochen,
wie meine Geschwister, meine Freunde,
meine Großeltern, meine Lehrer, alle Menschen,
die mich geprägt haben und prägen und
somit eine bedeutsame Rolle
in meiner Wirklichkeit einnehmen?

Notiere und skizziere

1. Was wurde mir vorgelebt und über das Leben erzählt?
2. Was wurde mir über mich erzählt?
3. Wann habe ich damit begonnen, mich und mein reines Sein in Frage zu stellen?
4. Wann hat mich die Unsicherheit über mein Wesen überschattet und zweifeln lassen?
5. Welche Konditionierungen und Glaubenssätze halten mich davon ab, mein Leben so zu leben, wie ich es mir erträume?

   Einige Beispiele als Anstoß:
   - Ich bin nicht genug ...
   - Ich bin es nicht wert ...
   - Ich habe Verpflichtungen gegenüber ...
   - Wenn ich das Geld hätte, dann ...
   - Das würde meine Eltern enttäuschen.
   - Das kann ich nicht machen, das steht mir nicht zu.

6. Welche übernommenen Werte halten mich davon ab, mein Leben so zu leben, wie ich es mir erträume?

   Einige Beispiele als Anstoß:
   - Bescheidenheit ist eine Tugend.
   - Ich bin zufrieden mit dem, was ich habe.
   - Ich habe ein schweres Schicksal und trage es mit Würde.

Ich tauche noch tiefer in die Erfahrungen der Vergangenheit ein.

Notiere und skizziere

7. Welche Situationen sind erneut präsent, welche Emotionen kommen hoch?

8. Welche Bewertungen von außen, Gewohnheiten und Traditionen halten mich davon ab, mein volles Potenzial zu leben?

9. Wann kam das erste Mal Angst in mir auf?

10. Wovor habe ich heute Angst?

11. Was ist Angst überhaupt?

12. Wozu dient mir die Angst?

13. Was erzählt mir meine Angst?

Ich begegne mir im Hier und Jetzt und bin ganz ehrlich mir selbst gegenüber. Mich selbst zu durchschauen, bringt mich meinem Wesenskern mit jedem Mal ein Stück näher.

Notiere und skizziere

14. Gibt es Scham in mir?
15. Wenn ja, wofür schäme ich mich?
16. Wann schäme ich mich?
17. Wann fühle ich mich schuldig, wertlos, nicht würdig?
18. Warum fühle ich mich schuldig, wertlos, nicht würdig?
19. Wo gehe ich in meinem Leben Kompromisse ein?
20. Wann gehe ich in meinem Leben Kompromisse ein?
21. Wie gehe ich in meinem Leben Kompromisse ein?
22. Weshalb gehe ich diese Kompromisse ein?
23. Zu welchem Zeitpunkt habe ich aufgehört, wahrhaftig zu sein und damit begonnen, mich selbst zu verleugnen?
24. Wie habe ich mich angepasst, um dazuzugehören und um geliebt zu werden?

IMPULS 6 Ich übe mich in Achtsamkeit und Gegenwärtigkeit

Gedankenhygiene, bedachte Wortwahl und Handeln aus dem Herzen sind Ausdruck der Achtsamkeit. Eine Wertschätzung der scheinbar selbstverständlichen Dinge ebenso. Die Luft zum Atmen, die Sonne, die uns ihr Licht schenkt und uns wärmt, die Mondin, die uns durch die Dunkelheit weist, die Tiere, die Pflanzen, die Mineralien, das Feuer der Lebensfreude, die tiefe Weisheit des Wassers und die nährende und behütende Kraft unserer Mutter Gaia stehen uns bedingungslos zur Verfügung.

Ich übe mich in Achtsamkeit und ehre die Möglichkeit,
bewusst durch mein Leben zu schreiten.
Achtsamkeit bedeutet gegenwärtig zu sein.
Im Jetzt findet das Leben statt.

FEIERN

Das Leben hat viele Facetten,
in denen ich mich erfahre.
Der Tanz durch Licht und Schatten
hat bereits begonnen.

Ich feiere mein menschliches Sein,
Emotionen lassen mich Lebendigkeit spüren.
Mensch sein ist geprägt von Höhen und Tiefen.
Der Schmerz der Trennung und der Enttäuschung
bringt mich an meine Grenzen.
Die Fähigkeit, verzeihen zu können, lässt mich
jedoch meisterlich voranschreiten.

4. EMOTION

DER WEIBLICHE WEG

Ich sehe die Schöpfung in allem, was ist.
Ich fühle mich beschenkt.
Ich schmecke Mutter Erde.
Ich rieche die Zukunft,
die mir Großes bescheren mag.
Ich höre den Klang meiner Seele.
Ich sehe die Schöpfung in allem, was ist.

Und sei es drum, nun bin ich hier, als göttlicher Ausdruck auf Erden. Ich kann mich nicht mehr von den Feuern der Freude und Leidenschaft trennen. Das Hadern mit dem Schicksal lasse ich hinter mir. Lieber lasse ich die Zügel los, nehme an, was kommen mag. Ich tanze den Tanz meines Lebens.

Als Menschenkind fühle ich, schmecke ich, rieche ich, höre ich und sehe ich. Ich fühle die Verbundenheit mit allem, was ist. Ich fühle die Wärme und den Pulsschlag der Lebendigkeit. Ich fühle den Atem, wie er durch mich fließt, wie er durch alle Menschen fließt, lebendig und frei macht, Klarheit schenkt und das Brennen für das einfache Sein lehrt. Ich fühle mich beschenkt.

Ich schmecke die Früchte, die Erde, das Wasser, das Salz auf der Haut und die Süße des Lebens. Ich genieße die Fülle, die sich mir Tag für Tag offenbart. Ich kreiere, lasse Geschmacksexplosionen in meinem Inneren passieren. Ich schmecke meine Heimat, Mutter Erde.

Ich rieche die Stille, die Besonnenheit, den Frieden. Ich rieche den Duft meiner Kindheit, meiner Mutter, meines Vaters, meiner Großeltern. Ich rieche den Körper meiner ersten großen Liebe, verschmelze mit dem Duft, der mich betört. Wenn es so schmeckt, wie es riecht, dann will ich mehr davon. Ich rieche die Zukunft, die etwas Besonderes werden soll.

Ich höre eine zarte Stimme, die mir immer wieder versichert: Alles ist gut. Ich lausche den Klängen der Symphonie allen Lebens auf Erden. Ich höre das Zwitschern der Vögel, das Singen der Wale und das freudvolle Quietschen der Delfine. Ich lausche der Stille und verstehe ganz viel. Ich vernehme den Klang meiner Seele und begebe mich mit ihm auf die Reise.

Ich sehe die unendliche Schönheit auf Erden, die niemals enden wollende Fülle des Seins. Ich sehe Farben, Klänge, Muster, Energien in allen Facetten. Ich ehre das Sichtbare, das sich mir offenbart und ich staune über die vielschichtigen Ausprägungen des Feinstofflichen, das ich zu sehen vermag. Die Zwischenräume können mit dem Herzen und dem Dritten Auge empfangen und verstanden werden. Mit Achtsamkeit und Dank lasse ich sie tief in mein Wesen hineinsinken.

IMPULS 7 Ich bringe mein Sein zum Ausdruck

Es gibt unendlich viele Möglichkeiten, das Leben zu zelebrieren und dein Inneres zum Ausdruck zu bringen. Deiner Phantasie sind keine Grenzen gesetzt. Du selbst weißt am Besten, was dir entspricht.

Bewegung/Tanz

ARCHIGAIA
Feuer des Lebens
& Inspiration

Leben ist Bewegung. Mein Körper vibriert in den schönsten Farben der Schöpfung. Wenn ich tanze, lasse ich die Göttlichkeit durch meinen Körper fließen, pulsiere ich im Einklang mit dem Schlag meines Herzens.

Mein Herzraum ist weit offen und empfängt die Wellen der Freude, Entwicklung und Entfaltung meines Seins. Der Raum wird weit.
Ich tanze den Tanz meines Lebens.

Tanze zu deiner Lieblingsmusik. Deine Intention darf der Tanz mit all den Aspekten und Facetten deines Lebens sein. Umarme dich in der Leichtigkeit des rhythmischen Seins.

Umgestaltung Lebensräume/Kleidung/Accessoires

Ich beginne damit, mein irdisches Sein zu würdigen und zu feiern. Ich schmücke mein Zuhause und meinen Körper. Alles, was es mir wert ist, verschönert und zelebriert zu werden, nehme ich mit in den Fluss meines Seins. Das Leben ist Veränderung und so lasse ich mich von ihm inspirieren, wann immer ich Lust dazu habe.

Intuitives Malen

Ich empfange die Inspiration von den Farben,
nehme den Pinsel und lasse es durch mich wirken.
Das weiße Blatt füllt sich mit einer Selbstverständlichkeit.
Ich lasse es (durch mich) fließen.

Es geht nicht darum, eine Technik anzuwenden oder gewisse Stilregeln zu beachten. Malen ohne Wertung. Alles ist gut. Alles ist richtig.

IMPULS 8 Bewusster Konsum

Wir Menschen der westlichen Welt sind zum Großteil reich beschenkt. Als Europäer haben wir die Suite auf Erden bezogen. Wir haben uns bewusst dafür entschieden, uns auf diesem Kontinent in Fülle und Vielfalt zu inkarnieren. Wir dürfen achtsam mit dem vorhandenen Reichtum umgehen und nie das Gleichgewicht von Geben und Nehmen vergessen.

Ich selbst sehe es als meine Pflicht an, mir über Nachhaltigkeit, Ressourcenschonung und die Herkunft der Produkte, die ich kaufe, Gedanken zu machen. Nicht nur, um meinen Beitrag für den respektvollen Umgang mit Mutter Erde, den Pflanzen, den Tieren und den Menschen zu leisten, sondern auch, um meiner Familie und mir selbst Gutes zu tun. Die Wahl für biologisch hergestellte Produkte, für heimisches und saisonales Angebot, ist offensichtlich und logisch.

Auch nicht Verzehrbares hat einen deutlichen Einfluss auf uns Menschen, dessen wir uns immer mehr gewahr werden dürfen. Es gibt bedeutende Unterschiede, die es zu beachten gilt. Wurde das Shirt, das ich trage, in einem Billiglohnland, vielleicht sogar von Kinderhand hergestellt und der Stoff mit schädlichen Farben eingefärbt? Aus welchen Materialien setzt sich das Shirt zusammen? Woher kommen diese? Ist der Preis des Kleidungsstückes eventuell geringer, als die Kosten der Fahrt zum Einkaufszentrum? Oder wurde das Shirt liebevoll designt, die Materialien bedacht gewählt, die Herstellung fair bezahlt? Die Geschichte jedes Produktes bis zum Ladentisch ist untrennbar mit ihm verbunden. Wir kaufen sie gewissermaßen mit. Dieses Faktum sollte vor allem auch bei der Wahl von Kinderspielsachen berücksichtigt werden.

**Mache von Zeit zu Zeit eine Bestandsaufnahme über das,
was du hast, das, was du wirklich brauchst und das,
was du gerne haben möchtest.**

**Beziehe diese Frage in deine Kaufentscheidung mit ein:
„Kompensiere ich mit einem Kauf meine innere Leere?“**

IMPULS 9 Mein Altar: Geste der Bewunderung und Ressource

Menschen nutzen seit jeher Altäre zur Verehrung von Göttern, Heiligen, Vorfahren und Mutter Erde. In der heutigen Zeit kann der Altar ein Zeichen des Dankes an das Leben sein. Gleichzeitig dient er dir als Ressource der Kraft und Erinnerung an die Verbundenheit. Er führt dir somit die Fülle des Seins und die Schönheit des Lebens vor Augen.

**Der Altar lädt dich zur Innenschau ein.
Er lässt dich still, demütig und achtsam werden.**

Du spürst intuitiv, ob, wo und wie du *deinen* Altar gestalten möchtest. Alles ist erlaubt. Gib deinem Altar auch die Möglichkeit sich zu verändern. So wie du dich durch deine persönlichen Prozesse entwickelst, darf dir dein Altar dieses im Außen spiegeln und mit dir wachsen.

DEFINIEREN

Jede Erfahrung schenkt mir
die Möglichkeit zur Erkenntnis.
Ich übe mich im bewussten Sein.

Mit Achtsamkeit beginne ich damit,
mein (Er-)Leben neu zu definieren.
Mut und Authentizität lassen mich
den Schritt der Ermächtigung gehen.

5. ERKENNTNIS

DER WEIBLICHE WEG

Als Schöpferin und Schöpfer
meines eigenen Erfahrungsweges
darf ich immer wieder nachfühlen und revidieren.
Ich folge meinen inneren Impulsen.

Das Herz verbunden mit dem Verstand
definiert mein zukünftiges Erfahren.

IMPULS 10 Bestandsaufnahme meines Lebens: Was darf gehen, was bleiben, was kommen?

Notiere und skizziere

1. Was darf bleiben, genau so, wie es ist?
2. Was darf besser werden, wachsen?
3. Was darf Neues, noch Unbekanntes, in mein Leben kommen?
4. Welche Wunder dürfen Wirklichkeit werden?
5. Wie soll sich meine Zukunft anfühlen?

ARCHIGAIA
Feuer des Lebens
Fülle des Seins

| 100 Dinge, die ich in mein Leben einlade.

Mit einer konkreten Liste, die du anlegst, um 100 Dinge festzuhalten, die du in deiner Zukunft erleben oder haben möchtest, kannst du noch deutlicher die Fäden für deine Zukunft weben, diese aus dem Jetzt-Moment heraus durch die klare Vision manifestieren.

Ich beginne bereits heute damit, mich so zu verhalten, als hätte ich schon mein ideales Leben. Ich bin bereit, etwas dafür zu tun und setze konkrete Schritte, um zu manifestieren, was in meinem Inneren schon ganz nahe ist.

Erfahrungsgemäß macht es Sinn, sich einen genauen Zeitrahmen für die Verwirklichung der festgehaltenen Punkte zu setzen. 100 Dinge nehme ich mir beispielsweise seit vielen Jahren für ein Kalenderjahr vor. Es ist immer wieder erstaunlich, dass es mit Fokus und Disziplin tatsächlich gelingt, einen großen Teil der Liste zu erfüllen. Für diese Möglichkeit, die Vision in die Tat umzusetzen, lasse ich mich immer wieder gerne von Leonie Dawson inspirieren. Leonie ist Australierin und ich würde sie als Pionierin im Bereich Selbstverwirklichung bezeichnen.

Schreib dir alles auf. Die scheinbar banalen Kleinigkeiten des Alltags und die Dinge, die so groß sind, dass du es kaum wagst, sie auszusprechen oder niederzuschreiben. Schalte deinen Verstand aus, Geld spielt keine Rolle. Wenn du deine Herzenswünsche nährst, werden sie Wirklichkeit werden. Dann, wenn der Zeitpunkt dafür reif ist.

Lass dir zur Vervollständigung deiner Liste ruhig ein paar Tage Zeit, vielleicht auch Wochen, Monate. Anfangs werden sich 100 Punkte unendlich viel anfühlen. Wenn du dich jedoch auf den Prozess einlässt, auch scheinbar selbstverständlichen Begegnungen und Aktivitäten einen Platz und somit eine Bedeutsamkeit gibst, wirst du die Kostbarkeit in den „Punkten" spüren und mit Achtsamkeit wählen.

Folgende Fragen können dir beim Entstehungsprozess der Auflistung eventuell dienlich sein:

Notiere und skizziere

6. Was ist es, wofür ich brenne?
7. Was kann ich besonders gut? Was entspricht meiner Natur?
8. Für welche Momente würde ich alles tun? Was ist für mich unendlich kostbar, unbezahlbar?
9. Was nehme ich mir bereits seit Jahren vor und bringe es nicht in die Umsetzung?

| **Das Visionboard** ist eine weitere Möglichkeit, die gewünschte Zukunft in die Materie zu bringen. Male, schreibe, schneide, klebe. Deiner Kreativität sind keine Grenzen gesetzt. Du kannst ein kleines Blatt Papier oder ein großes Plakat mit dem füllen, was du erleben oder haben möchtest. Als Inspiration dienen dir Bilder aus Zeitschriften oder aus dem Internet, die du ausdrucken kannst. Ein Visionboard ist eine Collage mit all dem, was sein soll. Bei jeder Betrachtung sinken die Visionen und Träume tiefer in dein Unterbewusstsein und weben sich gleichzeitig in die Realität.

Viel Freude beim Brainstorming,
Formulieren und Zum-Ausdruck-Bringen!

IMPULS 11 Die Kunst der Vergebung

Die Vergebung ist der Schlüssel aus dem Leiden der Ohnmacht in die Selbstermächtigung. Indem du lernst, zu verzeihen, dir selbst und all den Menschen, die vor dir waren und mit dir sind, wirst du kraftvoll. Dazu braucht es eine Entscheidung. Die Entscheidung zur Ermächtigung. In der bewussten Annahme der Macht übernimmst du die Verantwortung für dein Leben. Du machst dich nicht mehr länger zum Opfer, bist nicht mehr gefangen in deiner Geschichte, sondern schreibst deine Lebensgeschichte selbst, mit jedem Augenblick neu.

Die Selbstvergebung führt in die Selbstannahme. Die Selbstannahme führt in die Selbstliebe. Wenn du dir selbst vergibst für all das, wofür du dich ver-urteilst, akzeptierst du dich bedingungslos.

Ich beginne damit, mich so zu lieben, wie ich bin.
Nun kann ich meinen Mitmenschen
mit offenem Herzen begegnen.
Liebe ist Bedingungslosigkeit.
Ohne Bedingungen gäbe es nichts,
was zu vergeben wäre.

An Menschen und Personen Bedingungen und Erwartungen zu knüpfen, ist menschlich. Wenn diese nicht erfüllt werden, bleiben der fahle Geschmack der Enttäuschung und der beschwerende Groll. Ich arbeite sehr gerne mit dem hawaiianischen Vergebungsritual *Ho'oponopono.* Vier einfache Sätze machen es möglich, Schmerz, Vorwurf und Forderung effektiv in Mitgefühl und Barmherzigkeit umzuwandeln. Mit der Entscheidung, sich selbst oder einem anderen zu vergeben, bietet *Ho'oponopono* eine unkomplizierte Möglichkeit, diese Verwundungen zu schließen. Sobald die Vergebung wirksam wird, machen sich im Herzensraum häufig Wärme und ein Gefühl des inneren Friedens breit. Wer die Kunst der Vergebung beherrscht, weiß wie sich Gnade anfühlt.

Es tut mir leid.
Bitte verzeih mir.
Danke.
Ich liebe dich.

So lauten die vier einfachen, aber magischen Zeilen des Rituals. Wenn du den Ruf verspürst und tiefer in die Vergebungsarbeit eintauchen möchtest, findest du ausreichend Informationen dazu im Internet oder in Büchern. Es gibt auch eine schöne Melodie, um es zu singen. Ton und Klang verstärken die Wirkung.

IMPULS 12 Das Feuer, mein Verbündeter: Verbrennen, was gehen darf und nähren, was mich ruft

Eine Feuerzeremonie schenkt dir die Möglichkeit, dich mit deinen Spirits und deinem eigenen Lebensfeuer zu verbinden. Der Kontakt mit nicht sichtbaren Ebenen kann leicht hergestellt werden. Es muss nicht unbedingt ein Feuer in der freien Natur sein, das entfacht werden muss. Die Feuerschale im eigenen Garten, oder eine Kerze im Innenbereich leisten ebenfalls gute Dienste.

Das Element Feuer unterstützt dich bei der Transformation von alten Lasten, von allem, was dir in der Entwicklung nicht mehr dienlich ist. Du kannst die Energien feinstofflich dem Feuergeist übergeben, ohne diese direkt beim Namen zu nennen. Es ist möglich, spezifische Themen auf Zettel zu notieren und diese dann zu verbrennen. Es können beispielsweise Erinnerungen in Verbindung mit Personen und Orten, oder auch schmerzvolle Emotionen, sowie belastende Verhaltensmuster schriftlich festgehalten und der Flamme übergeben werden. Folgende Worte können dabei gedacht oder laut gesprochen werden:

Geliebtes Feuer. Ich lasse los, was mich
an meiner Entfaltung hindert,
mich klein hält und mich bedrückt.

Ich bitte dich darum, es zu transformieren
und in den Ursprung zurückzuführen,
in das Alles und Nichts.
Dorthin wo es kein Leid gibt.

Ich danke dir.

Mit Hilfe des Feuers kannst du auch deine Lebensgeister stärken oder neu erwecken. Während du dich mit der Präsenz der Flamme vertraut machst, öffnest du dein Herz für die Medizin des Elementes der Schöpfungskraft. Wenn es für dich stimmig ist, formuliere laut, oder im Geiste. Gerne kannst du auch deine eigenen Worte fließen lassen.

Geist des Feuers, ich rufe dich. Ich weiß,
dass du reines Bewusstsein bist und deine Weisheit
über das menschliche Sein auf Erden
unermesslich groß ist.

Ich bitte dich, unterstütze mich dabei,
wieder in meine ureigene Kraft zu kommen.
Lass mein inneres Feuer wieder lebendig werden.

Ich bin bereit, die Lebenskraft
in meinen Zellen vibrieren zu lassen, meine Medizin,
mit der ich auf die Erde gekommen bin, zu leben.

Bitte schenke mir Urvertrauen, Inspiration
und die Fähigkeit in Frieden zu gehen,
mit allem was war, ist und sein wird.

Ich danke dir.

TRANSFORMIEREN

Erkenntnisse öffnen mir das Tor
zur Selbstreflexion. Die Innenschau beginnt.
Alle Ebenen der Existenz streben danach,
in Harmonie gebracht zu werden.
Ich transformiere Disbalance,
seelische Verwundungen beginnen zu heilen.

Es fällt mir wie Schuppen von den Augen.
ICH kreiere mein Leben. Auf jede bewusste,
wie unbewusste Saat folgt die Ernte.
Als Säende gilt es dankbar zu sein für das,
was mir das Leben beschert.

6. INNENSCHAU

DER WEIBLICHE WEG

Ich erinnere mich an meine Fähigkeiten,
verändern und heilen zu können.
Mir alleine obliegt es, Schmerz
der Vergangenheit loszulassen
und in meine volle Kraft zu gehen.

Wenn mir die Bürde zu groß erscheint,
rufe ich meine Spirits, die Kraft der Elemente,
der Mineralien, der Pflanzen
und der Tiere an meine Seite.

Ich lasse mich durch den Transformationsprozess tragen, gehe in die absolute Anbindung mit der Göttlichkeit, die in mir und in allem schwingt. Aus der Haltung des Empfangens, der absoluten Hingabe voller Vertrauen, werden Wunden heil und Wunder Wirklichkeit.

Ich rieche, schmecke, sehe, höre und fühle mein zukünftiges Sein. So fühlt es sich in meinem Körper an, mit dieser Grundstimmung starte ich in meine Tage. Erlebnisse und Begegnungen sind inspirierend, erhebend. Ich bin kraftvoll, voller Leben. Das Bewusstsein für meine Urkraft lässt mir Flügel wachsen. Ich visualisiere die Aromen, die Geschmäcker, die Farben, die Worte, die Klänge, die Rhythmen und die Gefühle meiner Essenz. Ich entscheide mich dafür, eins zu werden mit meinem Licht und es zu leben, mit jedem Tag ein wenig mehr. Ich bin es mir wert, den Himmel auf Erden zu erfahren.

ARCHIGAIA Verbundenheit & Intuition

IMPULS 13 Begegnung mit meiner Essenz

Mach es dir zur Angewohnheit, dich mindestens einmal täglich selbst intensiv im Spiegel zu betrachten. Schau dir in die Augen. Lass dich von deinem Blick tief in dein Inneres einladen. Halte deinem eigenen Blick stand. Bring den Fokus auf das Wesentliche. Fühle, dass stets der jetzige Moment zählt. Nur in der Gegenwärtigkeit ist die Entscheidung möglich. Deine Augen sind das Tor zu deiner Innenwelt. Mit jedem Wimpernschlag bist du eingeladen, mit der Wahrhaftigkeit deiner Essenz zu gehen.

Der Blick in den Spiegel. Folgende Fragen kannst du deinem Spiegelbild stellen, immer und immer wieder:

> Vielleicht hast du Lust, dir diese drei Fragen auf ein Blatt Papier zu schreiben und es auf den Spiegel zu kleben, in dem du dich tagtäglich betrachtest.

1. Bin ich präsent, voll und ganz in meinem Körper, in Verbundenheit mit meiner Essenz?
2. Bin ich bereit, mich mir selbst zu stellen und mich in meiner vollen Tiefe und Größe zu begreifen?
3. Bin ich bereit, mich in meiner Vollkommenheit und Einzigartigkeit zu erkennen, zu würdigen und zu leben?

Der Spaziergang in der Natur ist eine weitere Möglichkeit, deiner Essenz näher zu kommen

Die Begegnung mit der (eigenen) Natur unterstützt dich dabei, dich zu erden und gleichzeitig eine gute Anbindung zu deinem höheren Selbst zu bekommen. In unserer schnelllebigen Zeit ist es wichtig, sich regelmäßig aus dem Alltag zurückzuziehen und in die Stille zu gehen. Die Natur gibt dir den Raum, dich gut in deinem Körper zu spüren, im Hier und Jetzt anzukommen und deine Sinne zu weiten. Der Wald ist eine Tankstelle, aus der du Lebenskraft, Klarheit und das Gefühl der Verbundenheit ziehen kannst. Mit der Heilkraft der Natur ist es dir möglich, dich auf das Wesentliche zu konzentrieren und mit dem in Verbindung zu gehen, was du in deinem Wesenskern bist.

IMPULS 14 Laudatio aus der Zukunft

Gehe gedanklich in deine Zukunft. Wähle deinen 80., deinen 90. Geburtstag, oder wähle den Tag deines Begräbnisses. Es geht darum, einen Rückblick auf dein Leben zu verfassen.

Schreibe eine Rede, die eine dir nahestehende Person über dich und deinen Lebensweg verfassen würde. Es kann eine Zusammenfassung deines Weges sein, es darf von deinen Qualitäten erzählt werden, von dem was dich besonders, einzigartig macht(e), von dem, was du als Vermächtnis für nachfolgende Generationen hinterlässt.

Lass es fließen, betrachte dich aus der Perspektive eines Menschen, der dich gut kennt, dich liebt und ehrt, so wie du bist. Diesem Menschen ist es möglich, dich in deiner Essenz zu erkennen.

IMPULS 15 Das Leben zelebrieren

Ich erinnere mich an die Momente der Ekstase,
der puren Lebenslust und Freude.
Es gab sie, immer und immer wieder,
diese Situationen, die das Leben lebenswert machen.
So viele nährende Dinge, Menschen und Situationen.
Das Leben hat mich bereits reich beschenkt.

Ich folge meinem Atem.
Ohne Anstrengung lasse ich meine Vergangenheit
vor meinem geistigen Auge vorüberziehen.
Ich öffne mich für das, was nun in mein
Bewusstsein kommen darf.
Neben den schönen Erlebnissen gab es auch
herausfordernde Situationen.
Alles, was geschehen ist, macht mich zu der Person,
die ich heute bin.

Ich verbinde mich mit meiner bisherigen Geschichte,
lasse die letzten Monate,
oder das letzte Jahr Revue passieren.

Ich entscheide über die für mich relevante Zeitspanne.

Notiere und skizziere

1. Was waren die größten Herausforderungen?
2. Was waren die gravierendsten Veränderungen?
3. Wer oder was durfte in mein Leben treten?
4. Wer oder was hat sich aus meinem Leben verabschiedet?
5. Wer oder was hat mich bereichert?
6. Wer oder was hat mich erschüttert, in der Tiefe verletzt?
7. Was durfte ich lernen?
8. Was werde ich beim nächsten Mal anders machen?
9. Was werde ich in Zukunft genau gleich handhaben?

IMPULS 16 Mich in Dankbarkeit üben

Es gibt viele Möglichkeiten, Dankbarkeit im Leben zu integrieren. Wenn du Lust hast, kannst du deine Dankbarkeit in einem *Dankbarkeitsritual,* oder gar in einer festlichen *Zeremonie* zum Ausdruck bringen. Eine Geste des Dankes kennt keine Regeln und darf so individuell sein, wie du es bist. Ich, zum Beispiel, liebe es, morgens im Pyjama barfuß auf die Terrasse zu gehen, meinen Blick in die Ferne schweifen zu lassen und mich für mein Leben, mein Zuhause und meine Familie zu bedanken. Ein paar Vorschläge:

| Dankbarkeitsliste
Dokumentiere täglich oder wöchentlich, wofür du dankbar bist. Du kannst es fließen lassen, dich aber auch beispielsweise auf drei oder zehn Punkte pro Eintrag fokussieren. Leg dir dafür eventuell ein eigenes Dankbarkeits-Büchlein an.

| Ein kurzes Innehalten bevor du trinkst, oder isst, um dich für das Wasser, den Saft, den Wein und die nährende Speise zu bedanken.

| Das Alltägliche zelebrieren
Mach deinen Spaziergang zum Geh- und Achtsamkeitsritual, den Frühstückskaffee zur Morgenzeremonie, das Zubereiten einer Mahlzeit zum Fest der Fülle und der Sinne. Alles, was du bewusst machst, riechst, schmeckst, siehst, hörst und fühlst wird zu deinem individuellen Tanz mit der Fülle des Lebens.

| Das Gute im „Unglück" erkennen
Beginne vielleicht mit dem Satz: „Die Erlebnisse des heutigen Tages geben mir ausreichend Anlass dazu, betrübt und/oder zornig … zu sein. Wenn ich nochmal nachfühle, waren da aber auch …"

| Das Selbstverständliche benennen und würdigen
Nachdem du diese Zeilen gerade liest, gehe ich davon aus, dass deine Grundbedürfnisse gestillt sind, dein Lebensstandard höchstwahrscheinlich weit darüber hinausgeht. Offensichtlich kannst du lesen. Ich bin mir fast sicher, dass du genügend zum Essen hast, ein Dach über dem Kopf genießt, ein Fahrrad, vielleicht sogar ein Auto besitzt, einen Job, mit dem du Geld verdienst und der dir eventuell auch Freude bereitet. Alles Fakten, die nicht jeder von sich behaupten kann. Wenn du willst, mach dir eine Liste über die scheinbar selbstverständlichen Dinge in deinem Alltag.

| Collage für Tage der Schwere und Hoffnungslosigkeit
Mach dir eine Collage mit Bildern, Skizzen, Farben und Worten, um die schönsten Momente, die inspirierendsten Personen, die besten Freundschaften und die bereicherndsten Orte deines Lebens zu verewigen und zu würdigen. Halte sie dir vor Augen, wenn du denkst, dass das Leben sich gegen dich gestellt hat.

LOSLASSEN

Die Heilung führt mich in mein inneres Wissen,
jenes Wissen, das nichts mit der Ratio zu tun hat.
Die Überwindung meiner schmerzlichen
Erfahrungen macht mich reif und wissend.

Ich vertraue meiner Kraft und dem,
was das Leben für mich bereithält.
Ich weiß, das Leben hat immer Recht.

7. WISSEN

DER WEIBLICHE WEG

Zeit loszulassen. Konditionierungen, Gewohnheiten,
Traditionen, Dinge, die ich nicht mehr benötige.
Kompensationen, energetische Verstrickungen und
Opferrollen, die mich in meiner Entwicklung bremsen.

Alles, was mir auf dem Weg
in meine volle Kraft nicht dienlich ist,
lasse ich jetzt los.

IMPULS 17 Alte Ufer verlassen und Neuland betreten

Woran halte ich fest, obwohl es mir den Raum zur Entfaltung nimmt?

Ich weite das Feld für das mir Unbekannte, das sich mir offenbart, wenn ich mir selbst und dem Leben mit offenem Herzen begegne. Indem ich die alten Ufer verlasse, betrete ich Neuland.

Es öffnen sich mir Türen von Möglichkeiten.

ARCHIGAIA
Innenschau &
Schöpfungskraft

Bestandsaufnahme: Mach eine Bestandsaufnahme deiner Freunde und verabschiede dich von den Bekanntschaften, die dich nicht nähren und inspirieren, sondern dir Kraft rauben. Raum für Neues wird frei.

Loslassen: Hör damit auf, Dinge zu tun, die dir nicht gut tun und stelle dir immer wieder folgende Fragen:

a. Wo/Was gilt es loszulassen?
(Menschen, Situationen, Gewohnheiten ...)

b. Womit höre ich auf,
weil es mir nicht (mehr) dienlich ist?
(Aktivitäten, Gedanken, Eigenarten ...)

Inventur: Unterziehe deine eigenen vier Wände einer Inventur und verabschiede dich von materiellen Dingen, die dich nicht (mehr) nähren. Es darf eine neue Ordnung entstehen.
Die Entfaltung in deinem Inneren spiegelt sich im Außen.
Die Neustrukturierung im Außen bringt Veränderung in deinem Inneren. Diese Fragen können dich im Prozess unter stützen:

a. Wo kann eine neue Ordnung entstehen?

b. Was findet einen neuen Platz?

c. Welches Neue darf sich einfinden, um mich zu erfreuen und zu inspirieren?

d. Was brauche ich nicht mehr und kann ich weggeben? (Kleidung, Bücher, Fotografien, Bilder, Zeitungen ...)

Die Marie Kondo Methode bewährt sich für mich immer wieder, wenn es darum geht, Veränderung in meinem Zuhause oder an meinem Arbeitplatz zu initiieren. In ihrer Aufräum-Methode besinnt sie sich gedanklich nicht auf die Dinge, die sie loswerden möchte, sondern auf das, was subjetiv wertvoll ist und einen wichtigen Platz im Herzen einnimmt.

Ein sehr schöner Ansatz, finde ich.

IMPULS 18 Nicht (mehr) dienliche Gedanken und Emotionen loslassen: EFT-Methode

Es gibt eine einfache, aber sehr effektive Möglichkeit, sich von Emotionen und Gedanken zu befreien, die belastend sind und im Voranschreiten behindern. Mir selbst hat sie geholfen, Momente der Angst, der Trauer und der Resignation aufzulösen.

Die Methode wird EFT *(Emotional Freedom Technique)* oder Tapping (Klopfen) genannt. Sie wurde vom US-Amerikaner Gary Craig entwickelt und basiert auf den Lehren der Meridiane aus der Traditionellen Chinesischen Medizin (TCM). Als Meridiane werden Energiebahnen bezeichnet, die die Lebensenergie, in der östlichen Tradition Qi genannt, durch den gesamten menschlichen Körper leiten. Das Qi nährt alle Organe des Körpers. Im Idealfall fließt es frei. Entlang der Meridiane befinden sich lokale Punkte, sogenannte Akupunkturpunkte. Sie bieten die Möglichkeit, Einfluss auf das Qi zu nehmen. Mit Druck auf die jeweiligen Punkte kann ein stagnierender Qi-Fluss wieder in Bewegung gebracht werden.

Insgesamt gibt es 12 Hauptmeridiane und weitere Nebenmeridiane. Um EFT anwenden zu können, bedarf es jedoch nur der Kenntnis über 14 ausgewählte Punkte: Fünf davon befinden sich im Kopfbereich, drei am Rumpf und sechs auf der Hand. Ich möchte an dieser Stelle nicht detailliert beschreiben, wo sich die Punkte genau befinden und wie der Ablauf des Tappings funktioniert. Wenn es dich anspricht, findest du zahlreiche Videos auf YouTube, Onlinebeiträge und Bücher zum Thema. Es ist einfach, die Klopftechnik für sich alleine anzuwenden. Es gibt aber auch viele Berater und Coaches, Psychologen und auch Ärzte mit ganzheitlichem Ansatz, die explizit Sessions mit EFT anbieten. Bei einem meiner schmerzhaftesten Themen ließ ich mich begleiten. Es gelang mittels Tapping, das Thema nachhaltig aufzulösen.

Anwendung findet EFT beispielsweise bei Stress- und Angstsymptomen, Traumata, Phobien, Schlafstörungen und destruktiven Gedanken. Es gelingt, tief sitzende Glaubensmuster und Konditionierungen, sowie unterdrückte Erlebnisse in das Bewusstsein zu bringen. Das, was bislang nicht verarbeitet wurde und somit den Qi-Fluss störte, wird in Erinnerung gerufen und dadurch befreit. Mit Hilfe der Klopfmethode können Themen vollständig integriert werden und das Qi kann wieder frei strömen.

IMPULS 19 Ich bin mutig und folge meinem inneren Feuer

Authentizität macht kraftvoll. Wenn du du bist, deine Wahrheit sprichst und deinen inneren Impulsen folgst, bist du im Einklang mit deinem Seelenplan. Dieses pure Sein ohne Wenn und Aber lässt dich mit deiner ureigenen Medizin verschmelzen, mit der Gabe, die du auf Erden verschenken darfst. Du bist angekommen, hast den Ruf deiner Seele vernommen und folgst ihm. Deine Berufung ist klar, auch wenn sie sich immer wieder verändert, du auch nicht weißt, wohin sie dich noch führen wird. Du bist präsent, gebierst dich und dein Sein mit jedem Augenblick neu, denn du weißt, alles ist möglich und nichts hat Beständigkeit.

Sei im Einklang mit deiner Wahrheit und bleib dabei ganz ehrlich mit dir selbst. Stelle dir immer wieder diese Fragen, sei ehrlich mit dir:

1. Ist das, was ich tue, wirklich das, was ich tun möchte?
2. Ist das, was ich sage, wirklich das, was ich meine?

Zugegeben, der Seelenaufgabe zu folgen, erfordert immer wieder Mut. Es ist ein großer Unterschied, etwas nicht zu tun, weil es nicht stimmig ist, oder etwas nicht zu tun, weil es neu ist, unbekannt, anders.

Verweile nicht in der Vergangenheit,
denn sie ist Geschichte.

ARCHIGAIA
Schöpfungskraft
& Klarheit

Sorge dich nicht um die Zukunft,
denn diese kreiert sich
im gegenwärtigen Moment
durch dein bewusstes Sein.

Folge der Begeisterung. Wofür brennst du?

Als Belohnung für den Mut kommst du deiner Urkraft immer näher, die dich zu Höhenflügen bringt und scheinbar Unmögliches geschehen lässt. Wenn du eins bist mit deiner Urkraft, stellt sich die Frage nach deiner Berufung nicht mehr. Du verkörperst sie mit deiner Präsenz.

Übe dich darin, dich immer wieder mit deinem inneren Feuer zu verbinden. Nicht nur am Wochenende, bei einem Seminar, beim Yoga oder abends, wenn die Kinder im Bett sind. Es ist die höchste Kunst, das alltägliche Sein mit dem spirituellen Bewusstsein zu verbinden – Göttlichkeit in Menschengestalt zu verkörpern.

VERTRAUEN

Das Wissen führt in die Weisheit,
die dich in die Verbundenheit führt.
Du lässt los und gehst in die Stille.

Die Manifestation
findet ihren Ursprung im Nichts,
im All-eins-Sein.

8. WEISHEIT

DER WEIBLICHE WEG

Und wenn ich mich hoch in die Lüfte schwinge,
nehme ich einen neuen Blickwinkel ein.
Ich erkenne: Alles ist gut. Immer.
Plötzlich werden persönliche Dramen und Schicksalsschläge
zu Diamanten auf meinem Weg zu mir selbst.
Alles hat seine Bedeutung, alles hat seine Zeit.

Die Bewusstwerdung lässt die neue Wirklichkeit
aus dem Inneren entstehen.

Welten des Friedens, Welten der Liebe,
Welten der Barmherzigkeit und der Bedingungslosigkeit
tun sich mir auf, wenn ich dafür bereit bin.

Der Himmel auf Erden ist da.
Ich lasse los, und gebe mich
meiner eigenen Göttlichkeit hin.

Nachdem du die Identifikation mit der Vergangenheit losgelassen hast, kommst du im Jetzt-Moment an. Du wirst frei von Erwartungen anderer dir gegenüber und von denen, die du dir selbst und dem Leben gegenüber hast. Die Freiheit schenkt dir die Erkenntnis entscheiden zu können, mit jedem Augenblick neu. Sich mit der eigenen Göttlichkeit identifizieren zu können braucht Mut, da du dich aus dem Gewohnten herausbewegen musst. Die so genannte Komfortzone kann auch ihre Vorzüge haben. Du agierst in einem Feld, in dem dir die Spielregeln wohl bekannt sind, Aktion und Reaktion von dir selbst und von deinen Mitmenschen vorhersehbar sind. Das gibt dir das Gefühl der Kontrolle, eigentlich hältst du dich jedoch selbst im Hamsterrad der Stagnation gefangen.

Die eigene Göttlichkeit zu verkörpern bedeutet einerseits, sein Licht nicht länger unter den Scheffel zu stellen und zu erkennen, dass man wertvoll und mächtig ist. Andererseits ist es Demut gegenüber der Schöpfung, indem man diese zulässt, durch sich fließen und wirken lässt.

Dein eigenes Licht, die Schönheit und die Gaben, mit denen du auf die Welt gekommen bist, sind Geschenke der Schöpfung. Sich den Geschenken der Schöpfung zu verwehren ist eher hochmütig, als bescheiden. Diese Erkenntnis macht es dir leichter, sie anzunehmen und selbst zum Schöpfer oder zur Schöpferin zu werden.

Sich klein zu fühlen und auch so zu geben, ist ein Weg der Bequemlichkeit. Du lieferst dich dem Schicksal aus und es steht nicht in deiner Macht, wie sich dein persönliches Leben und der Weg der Menschheit im Kollektiv entwickelt. Das hat nichts mit dem Fluss des Lebens zu tun, dem du dich hingeben darfst. Der Fluss des Lebens entsteht in Co-Kreation mit deinem Seelenwissen und in Verbundenheit mit allen feinstofflichen Ebenen.

Im göttlichen Bewusstsein zu sein bedeutet, im Vertrauen und voller Hingabe klar und fokussiert zu manifestieren.

Das geschieht in jedem Moment deines Seins.

IMPULS 20 Die Meditation

Ich möchte den achten Schritt des weiblichen Weges, Weisheit, mit einem meditativen Zustand, der selbstverständlich und im Alltag integriert ist, gleichsetzen. Wenn es gelingt, einen Zustand der tiefen Entspannung zu halten, sich von nichts und niemandem aus der Ruhe bringen zu lassen und mit einem Augenzwinkern auf das Spiel des Lebens zu blicken, ist man mit seiner Weisheit in Verbindung.

Egal, welcher der acht Schritte momentan deine Wirklichkeit bestimmt, es ist jederzeit möglich, dich mit deiner Weisheit zu verbinden. Der meditative Zustand wirkt sich positiv auf mehrere Ebenen aus. Charakteristisch sind die Entspannung des Körpers und das Ankommen im Hier und Jetzt. Die Lebensenergie zirkuliert frei im Körper, Gedanken und Emotionen tauchen auf und werden wahrgenommen. Sie nehmen aber keinen Einfluss. Meditation ist in gewisser Weise wertfreie Beobachtung, ein Fließenlassen, ohne Zutun. Viele Menschen verbinden sich für die Meditation bewusst mit ihrem Atem, der präsent und achtsam werden lässt, außerdem den natürlichen Fluss des Seins repräsentiert. Ich werde geatmet. Ohne daran zu denken oder dafür etwas tun zu müssen, atme ich. Das Ein- und Ausatmen steht für das Werden und Sterben, in jedem Augenblick neu.

Meditation bedeutet Innenschau. Sie lässt den Blick tief ins eigene Innere kehren. Das, was im Außen passiert, verliert seine Bedeutung. Gelassenheit und Ruhe erfüllen den Raum. Wir Menschen können uns das Gefühl der Verbundenheit, des Alleinseins über die Meditation erschließen und diese Erfahrung mit in den Alltag nehmen. Vielleicht wird es uns irgendwann möglich sein, nachhaltig im meditativen Zustand, in der Hingabe und der Gelassenheit zu bleiben. Vielleicht ist es uns irgendwann möglich, gedanklich nicht mehr zwischen dem unbewussten, alltäglichen Sein und dem bewussten Sein, das durch Methoden wie Meditation, Yoga, Autogenes Training oder Qi Gong erreicht werden kann, zu unterscheiden. Womöglich wird die Unterscheidung obsolet, wenn wir voller Vertrauen in die allumfassende Verbundenheit gehen und vertrauen.

IMPULS 21 Geste der Wahrhaftigkeit

Die Geste der Wahrhaftigkeit habe ich bereits weiter vorne im Buch vorgestellt. Der Vollständigkeit halber möchte ich sie jedoch auch hier im Praxisteil als einfaches, jedoch wirkungsvolles Tool hinzufügen.

Diese Übung unterstützt dich dabei, dich stark, autark und unabhängig zu fühlen. Sie bringt dich zurück in die Zentrierung. Du kannst die Aktivierung der drei Chakrenqualitäten durch die *Geste der Wahrhaftigkeit* regelmäßig oder in herausfordernden Momenten anwenden, um die Anbindung zu deiner inneren Weisheit wiederherzustellen. Damit gewinnst du Zuversicht und Vertrauen in dich sowie in den Fluss des Lebens.

1. See beyond

Die Geste beginnt mit der Berührung deiner Stirn
(Stirnchakra, Drittes Auge) mit dem Zeige- und Mittelfinger.
Die Aktivierung des Chakras kann durch Druckaufbau,
pulsierende Impulse, oder kreisförmige Bewegungen erfolgen.

Gleichzeitig werden die Worte
„See beyond – Sieh hindurch"
gedacht oder ausgesprochen.

Du lernst Illusionen aufzudecken,
um zu erkennen, was ist.
Sei autark gegenüber Impulsen von außen!

ARCHIGAIA
Klarheit &
Freiheit

2. Speak your truth

Im zweiten Schritt führst du die Finger zum Kehlkopf (Kehlchakra). Mit dem Zeige- und Mittelfinger aktivierst du das Chakra auf die Weise, wie es für dich stimmig ist.

Gleichzeitig werden die Worte
„Speak your truth – Sprich deine Wahrheit"
gedacht oder ausgesprochen.

Du wirst präsent und sprichst
aus der Verbundenheit mit deiner Urkraft.
Sei Sprachrohr der Schöpfung!

3. Act with love

Der dritte und letzte Punkt verbindet dich mit deiner Herzensweisheit. Du berührst dein Herz (Herzchakra).

Gleichzeitig werden die Worte
„Act with love - Handle mit Liebe"
gedacht oder ausgesprochen.

Du beginnst auf dein Herz zu hören
und seinem Ruf zu folgen.

Das offene Herz ist unverwundbar
und in der Leichtigkeit.
Es schenkt dir Hingabe und Urvertrauen,
dir selbst und dem Leben gegenüber.
Werde zur bedingungslosen Liebe!

Die Wege von Michael und mir kreuzten sich 2020. Unverhofft, aber ganz klar spürte ich sofort eine tiefe Verbundenheit. Es freut mich sehr, dass er abschließende Worte für „Vision & Co-Kreation" schrieb, um auf diese Weise die Balance zwischen Yin und Yang zu stärken.

Michael verkörpert für mich die neue Männlichkeit, die es nun ganz dringend braucht. Er arbeitet als Humanenergetiker und ist Begründer der Chöd- Methode. Als Autor hat er die Bücher „Die 4 Geheimnisse der Selbstheilung" und „Kraft der Mitte" veröffentlicht.

Michael Andreas leitet gemeinsam mit seiner Frau Carmen die Gesundheitspraxis ***Tibetenergie*** *in Salzburg, Österreich.*

www.tibetenergie.at

NACHWORT

Eine neue Zeitenergie macht sich bemerkbar. Oder anders gesagt, ein neuer Zeitabschnitt mit einer veränderten Energie nimmt uns auf. Wir lösen uns langsam und behutsam, jedoch unaufhaltsam aus der Kraft des Patriarchats heraus. Manchmal schlagen wir dann in die Kraft des Matriarchats hinüber, wie ein Pendel, das seine Ausschläge verlangsamt. Eine Zeit mit der Qualität der Gleichheit, der Ausgewogenheit, der Wertschätzung und Achtsamkeit beginnt und bedingt ein Sein und Leben auf Augenhöhe; auf Augenhöhe nicht nur unter den Menschen, auch den Kräften der Natur gegenüber. In dem Buch führt uns Kristina durch die elementaren Schritte und Überlegungen hindurch, um alte Gewohnheiten, Bräuche und Gepflogenheiten zu verändern, diese sein zu lassen. Wir bewegen uns in Richtung der Ausgewogenheit und der Gleichheit.

Sowohl die Frau, als auch der Mann dürfen sich aus den eingesessenen Komfortzonen wegbewegen, um eine neue Zeit, eine veränderte Kraft, eine frische Denkweise mitzutragen und zu leben. Das Buch zeigt uns genau das Wie, Wann und Warum auf und man darf das eine oder andere Kapitel öfters lesen, um sich die einzelnen Anleitungen zu verinnerlichen.

Es ist Zeit sich dem Neuen zu öffnen, packen wir es an.

Michael Andreas

Kristina Grandits
ist Prozessbegleiterin für Mensch, Raum & Ort.
Ziel ihres Wirkens ist es, den Frieden zu nähren:
im Innen und im Außen. Ihr Arbeitsansatz ist
ganzheitlich, bodenständig, intuitiv.

Es ist ihr ein großes Anliegen, in Zeiten des Umbruchs
ein Fels in der Brandung zu sein und zu Wahrhaftigkeit
und Mut zum Eigenen aufzurufen.

Mit Kristina in Kontakt bleiben & gemeinsam co-kreieren?

Schreib direkt an **bewusst@kristinagrandits.com**

Folge ihr auf Instagram: **kristina_grandits**

Lausche dem **Podcast „Vision & Co-Kreation“**

Besuche ihre Webseite **www.kristinagrandits.com**

ÜBER KRISTINA

Die Autorin wurde 1980 in Spittal an der Drau in Kärnten, Österreich, als Älteste von drei Kindern geboren. Von 1998 bis 2013 lebte Kristina in Wien. Sie studierte Architektur an der Technischen Universität und schloss das Studium 2005 mit Auszeichnung ab. Nachdem sie als Mitwirkende bei Bauprojekten unterschiedlicher Funktionen und Größenordnungen *(Hochhaus, Krankenhaus, Wohnbau, Schule, Einfamilienhaus etc.)* intensive Erfahrungen im Bausektor gesammelt hatte, kehrte sie 2013 in ihre Heimat Kärnten zurück. Dort lebt sie mit ihrem Mann und den beiden Kindern Paul (2013) und Mira (2018) zurückgezogen in einem kleinen Dorf.

Heute lebt sie ihre Berufung und lässt weibliche wie männliche Qualitäten zusammenfließen. Sie verkörpert Vielfalt und verfolgt das, was sie lebendig und glücklich macht. Als Geomantin kreiert Kristina Gebäude und Räume der Inspiration und unterstützt Menschen dabei, ihre Wohn- und Schaffensräume zu Quellen der Kraft zu machen. Als Prozessbegleiterin steht sie Frauen und Männern auf dem Weg in ein bewusstes und authentisches Sein in der eigenen Kraft zur Seite.

Kristina sieht ihre Aufgabe darin, Brücken zu bauen. Sie aktiviert und verbindet weibliche wie männliche Urkräfte und bringt diese in Balance. Als Sprachrohr zwischen sichtbaren und unsichtbaren Ebenen lenkt sie das Bewusstsein auf jene feinstofflichen Zwischenräume, die mit den Augen und dem Verstand nicht immer erfassbar sind, und deshalb im rational geprägten Weltbild kaum ihren Platz finden.

Seit 2009 begleitet Kristina Menschen 1:1, 2020 kam die Leitung von Gruppenprozessen zu verschiedenen Themenschwerpunkten dazu. Seit 2021 ist sie auch medial wirksam und veröffentlicht in ihrem Podcast *„Vision & Co-Kreation“* Nachrichten von verstorbenen Seelen zum aktuell stattfinden Bewusstseinswandel auf Erden (Verfügbar auf Spotify & Apple Podcasts).

|Kristina mit Yona, die ebenfalls ein Teil von ARCHIGAIA ist.

ARCHIGAIA®

Erdenkraft riechen.

ARCHIGAIA ist eine von Kristina Grandits entwickelte Produktlinie. Sie entstand während der Arbeit an *Vision & Co-Kreation.*

Die ARCHIGAIA-Sprayserie ist im ausgewählten Einzelhandel in Österreich und Deutschland sowie online verfügbar.

www.archigaia.com

Die 12 Aura- & Raumsprays der Serie **„Der weibliche Weg"** basieren auf dem zyklischen Sein und wurden in Anlehnung an die 12 Monate im Jahreskreis entwickelt.

Frühling: Hingabe, Urvertrauen, Leichtigkeit

Sommer: Inspiration, Feuer des Lebens, Fülle des Seins

Herbst: Verbundenheit, Intuition, Innenschau

Winter: Schöpfungskraft, Klarheit, Freiheit

Alle Sprays können unterstützend zum Praxisteil dieses Buches angewendet werden. Empfehlungen diesbezüglich gibt es bei den jeweiligen Impulsen. Die intuitive Wahl der passenden Sorte ist jedoch immer die Beste.

Die ARCHIGAIA-Produkte sind hilfreiche Begleiter in Zeiten des inneren und globalen Wandels. Es gibt die Möglichkeit, sie akut oder regelmäßig körpernah und in Räumen zu sprühen.

Die Spraysorten setzen sich aus ätherischen Ölen, Edelsteinessenzen mit Wasser aus den Alpen (Bad Gastein) und Alkohol zur Konservierung zusammen. Die Essenzen entstehen unter Berücksichtigung kraftvoller Zeitqualitäten und werden zu Neumonden, Vollmonden sowie Sonnwenden hergestellt.

DANK

gilt meinen Eltern, die mich unermüdlich unterstützen
und mir eine Welt voller Respekt und Liebe zeigen.

Des Weiteren möchte ich meinem Mann
Jens „*Danke*“ sagen. Er steht hinter mir,
egal wir verrückt meine Visionen auch sind.

Ich liebe euch.

Vielen Dank an die Autorin, Verlegerin und Seminarleiterin Theresia Maria de Jong und ihren Glauben an die Wichtigkeit der Botschaft dieses Buches. Ihr Wirken und Sein sind Teil dieses Buches.

Es gab weitere Hebammen im Geburtsprozess von *Vision & Co-Kreation*, Seelenschwestern, die mir in erhebenden und in schmerzvollen Zeiten zur Seite stehen. Ihr seid Geschenke des Himmels für mich! *Ich verneige mich vor der Tiefe eurer Seelen, der Sanftmut euer Herzen und der Urkraft, die durch euch wirkt.* Danke für eure Unterstützung während der Entstehung meines ersten Buches, liebe Ursl, liebe Yona, liebe (Magda-)Lena und liebe Mary.

Herzlichen Dank, liebe Ulli, für deine unglaubliche Sorgfalt, deine Hingabe und dein Feingefühl für *meine* Sprache. Ich hoffe, sie hat dir nicht allzu viele schlaflose Stunden beschert.

Ein Dank ergeht an mein Leben und all die Erfahrungen, Begegnungen und Facetten, die es mir schenkt. Ich fühle mich erfüllt. Dieses Buch ist meine Hommage an das menschliche Sein mit allen Tiefen und Höhen.

Last but not least: Ich danke DIR dafür, dass du für das Leben brennst und hier auf Erden bist, um den großen Wandel mitzugestalten. Danke, dass du deinem inneren Ruf folgst und den Weg des Herzens gehst. In Verbundenheit, Kristina.

ICH BIN
SCHÖPFUNGSKRAFT.
DU AUCH.

#cokreation goeseurope

Dieses Buch erzählt nicht von Co-Kreation. Es ist Co-Kreation.

Begonnen hat seine Geschichte im schönen Kärnten in Österreich, um Ende 2021 in den Händen von Theresia de Jong zu landen. Von Friesland in Deutschland aus fand es den Weg zu Ulrike Pranter. Sie lebt in Rom, Italien und gab den Texten von *Vision & Co-Kreation* den letzten Feinschliff.

Von Feldkirchen in Kärnten aus darf die erste Druckversion des Buches ab 13.7.2022 seine Reise fortsetzen, um erneut den Hohen Norden zu erobern. Ich freue mich sehr, das Unikat an Andreas Baum in Hamburg weiterreichen zu dürfen. Nach Michael Andreas und Aron Stadler ist er der dritte Mann, der mit meiner Vision der Co-Kreation in Berührung kommen wird. Andreas wird sich mit einer kurzen Botschaft an die folgenden Empfängerinnen und Empfänger im Buch verewigen und es dann zu meiner lieben Freundin Silvia Fritz in die Schweiz weitersenden. Somit wird auch das dritte deutschsprachige Land Europas von *Vision & Co-Kreation* besucht werden. Soweit ist die Route fixiert. **Ein Buch durchreist Europa. Wo es sich niederlässt, entscheidest auch du.**

Hast du Lust darauf, Teil unserer Co-Kreation zu sein?
Möchtest du die erste Druckversion dieses Buches bei dir zu Hause willkommen heißen und deine Botschaft darin verewigen? **#cokreationgoeseurope**

Info & Anmeldung zu *#cokreationgoeseurope*
Zusatzmaterial & Aktuelles zum Buch unter
www.kristinagrandits.com/derweiblicheweg